네가 어디 있느냐?

구약성경에 나타난 20가지 물음

네가 어디 있느냐?

구약성경에 나타난 20가지 물음

임마누엘 필드맨 지음 | 변순복 옮김

20 QUESTIONS in OLD TESTAMENT

도서출판 대서

네가 어디 있느냐?

구약성경에 나타난 20가지 물음

초판 3쇄 발행 2015년 2월 10일

지은이 임마누엘 필드맨
옮긴이 변순복
펴낸이 장대윤

펴낸곳 도서출판 대서
등록 제22-2411호
주소 서울시 서초구 방배동 981-56
전화 02-583-0612 / 팩스 02-583-0543
메일 daiseo1216@hanmail.net

디자인 참디자인(02-3216-1085)

ISBN 978-89-92619-76-9 03230

책값은 뒷표지에 있습니다.
잘못된 책은 교환하여 드립니다.

아내와 네 자녀를 비롯하여
자자손손에 이 책을 바칩니다.
늘 성경에서 의문점을 찾고
영적인 여정을 만끽하기를 ….

감사의 글

지혜로운 자의 물음은 답의 절반이다.

세상 사람들은 축복받는 인생의 열쇠를 정답에서 찾으려 한다.

그러나 실은 그렇지가 않다.

축복받는 삶의 비결은 바른 질문에서 비롯되기 때문이다.

중세시대 유대인 랍비가 쓴 글인데, 첨단 과학시대를 사는 21세기에도 시사하는 바가 매우 큰 격언이다. 요즘 사람들은 인내심이 부족한 탓에 질문을 잘 못한다. 왜냐하면 정답이 중요하다고 생각하기 때문이다. 그러나 좋은 질문은 답이 나오더라도 사라지는 법이 없다는 것이다. 즉 물음은 끊임없이 무언가를 찾으며 현장에 잔존해있다는 사실을 아는 이는 극히 드물다.

성경에서 발견된 질문 대다수가 (본서에는 일부만 살펴보았지만) 그렇다. 성경이 의문을 던지는 목적은 답변을 끄집어내는 것이라기보다는, 사색과 반성을 통해 자아와 자신의 행실을 그럴싸하게 위장한 가면과 마스크를 한 꺼풀 벗어버리려는 것이리라. 바꾸어 말하면, 성경의 물음은 이를테면, "어디 있느냐?" "네 동생은 어디 있느냐?" "제가 동생을 지키는 자입니까?" "당신은 누구십니까?" "왜 안색이 그리 안 좋습니까?" 등 자아의 굳은 외벽을 뚫고 가슴 깊은 곳을 어루만진다. 성경인물을 두고 던진 질문이지만, 실은 모든 사람에게 물은 것이나 다름이 없다. 시공의 한계를 극복했다는 얘기다.

영적인 여정은 좋은 질문에서 출발한다. 이를 경청하고 그에 겹겹이 쌓인 의미를 사색하는 것이야말로 가슴 설레는 탐험의 시작인 셈이다. 때문에 한 유대인의 금언은 "지혜로운 자의 물음이 답의 절반"이라고 역설한다.

본서를 집필하면서 지인의 도움을 많이 받았다. 예컨대, 정확한 표현 구사력과 예리한 문장 감각을 겸비한 아내 에스텔(Estelle)은 듬직한 편집자노릇을 톡톡히 해냈고, 동생 하라브 아론 펠드먼(HaRav Aharon Feldman)은 바쁜 일정에도 소중한 시간을 쪼개어 학식과 지혜를 나누었다. 또한 애틀랜타에 사는 아들(알파벳순) 랍비 일란 다니엘 펠드먼과 랍비 힐렐 골드버그(덴버), 랍비 마티스 그린블라트(예루살렘), 요셉 하코헨, 랍비 레이브 히먼(예루살렘) 및 바르 일란 대학의 윌리엄 콜브레너 교수에게도, 원고를 꼼꼼히 읽고 조언을 아끼지 않았기에 감사드린다. 아트스크롤(ArtScroll) 출판사의 랍비 노손 셰르만 역시 예리한 편집자로, 처음부터 끝까지 통찰력을 발휘하여 원고의 수준을 끌어올려주었다. 작위나 누락의 권리는 다른 누구와도 일절 공유하지 않았다.

생명을 연장하시고 성경을 주제로 본서를 집필토록 허

락하신 하나님께 감사드린다. 모쪼록 성서를 깊이 이해하고, 이웃과 하나님과의 관계가 좀 더 돈독해지는 데, 본서가 일조하길 바란다.

좋은 질문에 귀를 열어두라!

5764년 아브월 28일/2004년 8월

예루살렘에서 임마누엘 필드맨

옮긴이의 말

누군가와 대화를 할 때 상대방의 말하는 의도를 정확히 파악하기란 여간 어려운 일이 아니다. 특히 중요하고 마음에 있는 말을 해야 할 때는 더욱 신중하게 대답하고 묻고 해야 한다. 그러나 간혹 의도와 다른 반응과 결과가 나타날 때는 당황스러움을 금할 수 없다.

성경을 보면서 수많은 물음에 어떻게 반응하였는가?

왜? 그 때, 거기서, 하나님은 인간들에게 그렇게 묻고 계시는 것일까?

모든 것을 원하시는 대로 계획하신대로 이루실 수 있는 분이신데...

피조물인 인간들에게 끊임없이 묻고 계실까?

또 성격 등장인물들의 관계속에서 물음과 그에 따른 반응은 지금시대의 우리들에게 무슨 메시지를 던지고 있는 것일까?

여기에 늘 궁금해하던 수많은 물음들 중에서 20개를 나열하면서 그 물음속에 감추어져 있는 하나님의 의도와 인간들의 다양한 반응을 소개하면서 인생에서 가장 값진 것이 무엇이며, 모든 것을 포기할 수 있을 만큼 중요한 것은 무엇인지를 랍비가 쉽게 풀어쓴 특별할 책이 있어 소개하고자 한다.

이 책은 물음을 통하여 하나님의 끝없는 사랑과 회복을 말한다. 그러면서 나는 누구인가? 내가 누구이기에? 무엇으로 이루어졌는가? 어떻게 살아야 하는가? 등등 자기 성찰을 요구하며 하나님 앞으로 나올 것을 이야기 한다.

지금 시대는 하나님께 묻는 것과 하나님의 물음에 별로 관심이 없는 것 같다. 뿐만 아니라 다른이들과의 깊은 물음과 스스로 묻는 물음마저도 희미해져 가고 있다.

이 책을 읽는 하나님의 사람들 그리고 성경의 물음에 관심있는 분들에게 이 책을 통해 하나님의 숨겨져 있는 의도를 깨닫고 성경을 새롭게 이해하고 바라볼 수 있는 눈이 열리기 바라고 하나님안에서 진정한 행복과 기쁨을 누리며 살 수 있기를 소망한다.

마지막으로 번역을 허락해 준 마소라 출판사와 임마누엘 필드맨에게 감사를 드린다.

출판을 맡아주신 대서출판사 장대윤 사장님과 직원분들과 편집을 맡아 주신 강인구 실장님께 감사하며, 3번씩이나 꼼꼼하하게 읽어가며 교정해주시고 히브리어르를 한자 한자 타이핑 해 넣어주신 이좌신 목사님과 모창조 목사님께 감사를 전한다.

그리고 언제나 부족한 종 곁에서 격려와 용기를 주는 아내 변정숙과 아들 변보안에게 지면을 빌어 고마음을 전한다.

5776년 시반월/ 2012년 11월

안서골 연구실에서

옮긴이 변순복

차례

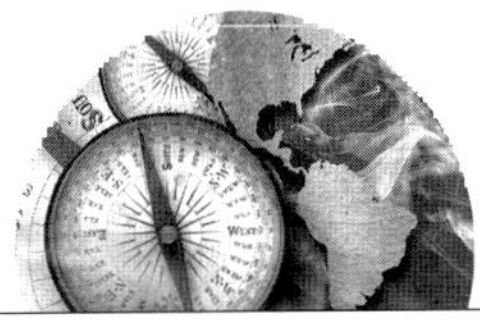

01

구약성경에서 찾아야 할 물음

1 구약성경에서 찾아야 할 물음

마침표로 끝나는 의문문

성경에서 단순한 직설법 문장보다 의문문이 심심치 않게 기록된 점은 읽는 이의 호기심을 자극한다. 『창세기』만 보더라도 흡사한 물음이 수백 개나 되고, 150편으로 된 『시편』은 약 90개의 질문을 담고 있다.

아래에 일부를 발췌했는데, 직설법 — 성경이 썼을 법하지만 실은 그러지 않은 — 은 위에, 성경에서 뜻은 같으나 의문문으로 쓴 문장은 아래에 기록했다.

- **가인이 하나님께:**
  "나는 아우를 지키는 자가 아닙니다."

"내가 아우를 지키는 자입니까?(창 4:9)"

• **아브라함이 하나님께:**

"심판자는 분명 정의를 행할 것입니다."

"심판자가 정의를 행하지 않겠습니까?(창 18:25)"

• **유다가 형제에게:**

"그를 죽여 봤자 아무런 유익이 없다."

"그를 죽인들 무엇이 유익할까?(창 37:26)"

• **요셉이 형제에게:**

"나는 하나님을 대신하지 못합니다."

"내가 하나님을 대신하리이까?(창 50:19)"

• **백성이 모세에게:**

"이집트에도 매장지는 많이 있습니다."

"이집트에는 매장할 땅이 부족합니까?(출 14:11)"

• **홍해에서 이스라엘이 하나님께:**

"당신과 같은 이는 없습니다."

"당신과 같은 이가 누구니이까?(출 15:11)"

• **모세와 미가:**

"이것이 바로 하나님께서 네게 요구하시는 것이다."

"여호와께서 네게 요구하시는 것이 무엇인가?(신 10:12)"

"여호와께서 네게 요구하시는 것이 무엇인가?(미 6:8)"

• **하나님이 이스라엘에게:**

"너희 조상은 내게서 어떤 불의도 발견하지 못했다……."

"너희 조상이 내게서 무슨 불의를 보았기에 나를 멀리 하였느냐?(렘 2:5)"

• **다윗이 하나님께:**

"당신은 나를 버리셨습니다."

"왜 나를 버리셨나이까?(시 22:2)"

• 유대인이 바벨론에:

"이방 땅에서는 여호와의 노래를 부를 수 없다."

"우리가 이방 땅에서 어찌 여호와의 노래를 부를까?(시 137:4)"

• 하나님이 욥에게:

"너는 번개를 보낼 수 없다."

"네가 번개를 보낼 수 있겠느냐?(욥 38:35)"

예를 들자면 한도 끝도 없다. 누가 이를 셀 수 있으랴? 앞서 살펴보았듯이, 굳이 '답변이 필요 없는 물음rhetorical' 도 있는데, 그에 담긴 뜻에 전적으로 동감하는 것이 완벽한 대답일 것이다.

그러나 성경의 물음은 의미와 유형 면에서 기존의 범위를 크게 벗어난다. 답변을 요구하는 듯싶은 질문도 평범해 보이지만, 따지고 보면 그리 단순하진 않다는 얘기다. 이를테면, 하나님이 아담과 가인에게 "네가 어디 있느냐?,"

"네 동생은 어디 있느냐?" 고 물으셨을 때, 주님은 답을 알고 계셨음에도 '물음' 이라는 수단으로 인간에게 접근하셨다. 게다가 의문이 당면 문제라는 울타리를 초월하는 만큼 청중의 범위도 매우 넓을 것이다.

성경의 물음은 공간이 한정되지 않아 보편적인 음성universal echo으로 들린다는 얘기다. 이를테면, "나는 누구인가?" 혹은 "너는 누구인가?" 는 문장의 테두리보다 훨씬 넓은 원이 파형을 그리며 진동하며, 이는 진실을 파헤치고 도전의식을 심을 요량으로 문맥을 넘어 좀더 원대한 의미에까지 확산된다.

인간이 그렇듯, 성경 또한 의문을 던진다. "누가?" "왜?" "무엇을?" "어디서?" "언제?" 라는 본문의 물음은 호기심을 갖고 뭔가를 캐내고, 밝히고, 파헤치려는 아담의 본성을 대변한다(인간의 전형적인 특징이나 이를 방치해두면 죄를 초래할 수도 있다). 히브리어 '아담(אדם)' 의 문자가 가지는 고유한 숫자를 더하면 45로, "무엇?" 이라는 의미의 "마(מָה)" 가 가지는 고유의 숫자를 합한 것과 같다. 이는 아담이 무언가를 묻고 찾으려는 인류의 화신embodiment이라는 점에서 우연의 일치라고는 보기 어려울 것이다.

성경이 질문을 편애한다는 점은 유월절 제사와 세데르 축제Seder의 가르침에서도 잘 나타난다. 본문은 '네 아들이 "이것은 무엇입니까?"라고 물을 때 ……(신 6:20)' 로 시작하는데, "네 아들이 묻는다면"이 아니라 "…… 물을 때"라고 기록되었다는 점에 유의하라. 질문은 유대 전통을 잇는 필수요소였다.

이를 토대로 유월절 축제와 하가다Haggadah의 중심에는 네 아들의 질문과, 아이가 아빠에게 묻는 네 가지 질문이 있다. 유월절에는 '질의응답question-and-answer' 이 빠져선 안 되므로 이를 혼자 지킨다면 네 질문을 자신에게 묻고 답해야 한다(페사힘 116a).

앞서 언급했듯이, 출애굽 당시 시내산에서 하나님이 계

시하실 때를 비롯하여, 경이로운 역사도 의문문으로 기록되었다는 점 역시 중요하다(신 4:32~34).

"하늘 이 끝에서 저 끝까지 이런 큰 일이 있었느냐? 이런 일을 들은 적이 있었느냐? …… 어떤 신이 와서 시험과 이적과 기사와 전쟁과 강한 손과 편 팔과 크게 두려운 일로 한 민족을 다른 민족에게서 인도하여 낸 일이 있느냐? …… 어떤 국민이 불 가운데에서 말씀하시는 하나님의 음성을 너처럼 듣고 생존하였느냐? ……."

이 같은 특징은 구전 토라에도 고스란히 전승되었다. 즉, 질의응답, 대립과 일치, 문제제기와 해명, 냉철한 탐구와 의문 등은 탈무드 방법론의 기틀이 된 셈이다.

의문문의 본질에는 평서문에는 없는, 강력한 무언가가 있다. 질문을 듣는 이에게 미치는 영향력이 직설적인 문장을 듣는 이의 그것보다 훨씬 클 거라는 점은 분명한 사실이다. 앞서 인용한 사례와 같이, 같은 말이라도 의문형으로 바꾸면 (예외 없이) 위력이 강력해진다.

이 같은 힘이 『창세기(18:25)』를 번역한 타르굼 온켈로스 Targum Onkelos의 의도에 영향을 주진 않았을까? 성경에 따르면, 아브라함은 소돔성을 구하기 위해 "세상을 심판하시는 이가 정의를 행하실 것이 아니니이까?"라고 하나님께 물었다. 히브리어 원문에는 이의를 제기한다는 듯한 의문형으로 기록된 것이 분명하나, 본서는 "세상을 심판하시는 이가 정의를 행하실 것입니다"라며 평서형으로 바꾸었다. 온켈로스는 의문문이 너무 불손한 언사인 듯싶어 본문을 좀 더 완곡하게 직설법으로 고쳤을지도 모른다.

그렇다면 물음을 효과적인 소통 수단으로 '업그레이드' 하는 요소는 무엇일까? 평서형 문장은 결국에는 증발해버리고 만다. 마침표로 끝을 맺는 평서문은 용건을 꺼내고 무언가를 논증하는 식으로 진행된다.

그러나 의문형은 소멸되는 법이 없다. 물음은 청자를 끌어당기고, 그의 참여를 유도하며, 대화의 첫머리를 장식하기도 한다. 『신명기』 1장에서 모세는 지도자의 부담을 두 번 토로하는데, 9절에서는 평서형으로 기록했으나("나는 홀로 너희의 짐을 질 수 없도다.") 12절에는 같은 말을 의문형으로("나 홀로 어찌 능히 너희의 괴로운 일과 힘겨운 일과 다투는 일을 담당할 수 있겠느냐?") 바꾸었다.

어느 쪽이 더 강한 인상을 풍기는지는 명백히 드러난다.

흔한 평서문과는 달리, 의문문에는 경계나 한계가 없다. 물음표가 끝이 아니라는 얘기다. 물음표는 물음이 딛고 힘껏 뛰어오르는(그러고는 허공에서 답변을 기다리는) '스프링보드 springboard' 일 뿐이다. 묵묵부답이거나 굳이 대꾸를 기대하지 않더라도(수사의문문rhetorical question) 물음은 소멸되는 법이 없다. 의문이 제기한 이슈는 허공을 맴돌며 상대를 질책하거나, 탄식하거나, 애원하거나, 도전하거나 혹은 설득한다.

따라서 물음은 평서문과는 달리 청자의 마음을 꿰뚫는

다. 수사의문문도 독백을 쌍방의 대화로 유도할 수가 있다. 그는 자신의 참여가 불가피하다는 점을 알게 될 것이다. 서술문은 무시하기 십상이나 물음은 그러기가 쉽지 않다. 이를테면, 장미를 염두에 둔 사람은 친구에게 "이건 특별한 장미라네"랄 수도 있지만 "이 장미 멋지지 않아?"라며 돌려 말할 수도 있을 것이다. 전자는 사견을 이야기했으므로 상대는 얼마든지 그렇다고 맞장구를 치거나 아예 무시해버릴 수도 있다. 그러나 후자의 화자는 장미의 아름다움을 그와 나누려고 동의여부를 떠나 '단 한번이라도 꽃을 마음에 그려보라'는 메시지를 던지고 있다.

이방인 예언자 발람은 "아무도 야곱의 먼지를 셀 수 없으리라"고 말할 수도 있었지만 그는 "누가 야곱의 먼지를 셀 수 있으랴?(민 23:20)"고 물었다. 두 문장은 따지고 보면 같은 말이다(먼지는 한도 끝도 없어 아무도 셀 수 없다는 뜻). 그러나 메시지는 모름지기 물음표가 찍혀야 위력이 강화되는 법이다. 내키진 않더라도 합당한 답변을 생각해내거나 "정말 아무도 없다"는 결론에 수긍하기까지 정신을 딴 데 팔 여유가 없기 때문이다.

필자는 성경에 등장하는 수백 개의 질문 가운데 몇 가지만 추려내어 이를 면밀히 살펴볼 참이다. 선별 기준을 밝히자면 유대인이나 전 인류를 대상으로 한, 정곡을 찌르는 질문(빈도수도 높은 편)을 주로 꼽았다. 성경에는 그런 물음이 대부분이나 현대 유대인의 관심사(이를테면, 정체성과 자신의 위치, 이웃과 자신 및 하나님과의 관계, 죄의 정의와 의미, 고난, 교만과 겸손, 창조주의 보상과 심판의 신비 및 가나안땅의 역할)에 주안점을 둔 것을 골랐다.

각 물음은 성경의 연대순을 따랐으나 장chapter을 순서대로 읽을 필요는 없을 듯싶다. 전체를 한 데 엮는 실마리가 '버젓이' 있지만 각 장은 독립성을 띠기도 하기 때문이다.

모쪼록 본서를 정독하면서 인생을 둘러싼 성경(유대인)의 모티프를 깊이 이해하기 바란다.

그럼 힘차게 출발해보자. 아차, '출발해볼까?' 가 더 낫겠다.

02

어디 있느냐?

2 어디 있느냐?

…… 여자가 그 열매를 따먹고 자기와 함께 있는 남편에게도 주매 그도 먹은지라 …… 동산에 거니시는 여호와 하나님의 소리를 듣고 아담과 그의 아내가 여호와 하나님의 낯을 피하여 동산 나무 사이에 숨은지라. 여호와 하나님이 아담을 부르시며 그에게 이르시되 "네가 어디 있느냐?"

— 『창세기(3:6~9)』

탄식의 기원

하나님의 첫 물음: "네가 어디 있느냐?"

우주가 창조된 것을 비롯하여 물에서 뭍이 나뉘고, 어류와 들짐승이 형상을 입고, 해와 달과 별과 하늘이 제자리를 잡고, 과일과 채소가 땅에 심기고, 기이한 우주가 설계되고, 에덴동산이 만들어진 것은 다름 아닌, 창조의 대단원을 장식한 아담을 위해서였다. 그러나 아담은 죄책감과 수치심과 두려움에 사로잡혀 몸을 움츠린 채 숨어있었다. 하나님의 작품이 그의 눈을 피하자 하나님께서는 "네가 어디 있느냐?" 고 물으셨다.

선뜻 이해할 수 없는 물음이다. 창조주이신 하나님은 전지전능하신 분인데 굳이 피조물의 행방을 물으시니 말이다. 그냥 명령하셔도 되지 않았을까? "나무 밑에 숨어있지 말거라. 내가 만들었지만 정말 어리석구나. 나를 피할 수 있다고 생각하느냐? 아담아, 속히 앞으로 나오라!"

하지만 주님은 그러지 않으셨다. 아담을 추궁하는 대신 "네가 어디 있느냐?" 고 물으셨다(아담에게 자초지종을 해명할 기회를 주는 질문으로, 분하고 섭섭한 뉘앙스는 없는 듯싶다).

좀 더 깊이 들여다보면 물리적인 위치에 국한된 물음은 아닌 듯 보인다. "왜 숨어 있느냐? 기척을 들었을 텐데 왜 나를 맞이하지 않느냐? 내가 창조한 피조물이 되레 나를 피하려고 몸을 숨기다니, 참으로 이상하구나!" 본문은 이렇게 해석할 수도 있지 않을까?

마침내 아담이 입을 열었다. "동산에서 하나님의 소리를 듣고 내가 벗었으므로 두려워하여 숨었나이다(창 3:10)." 그런데 가식이 느껴지지 않는, 솔직한 대답 같지만 자세히 보면 동문서답처럼 들린다. 하나님은 "네가 어디 있느냐?"고 물으셨으나 아담은 자신의 위치를 밝히지 않았기 때문이다. 즉, "여기 있습니다"라 하지 않고 엉뚱하게 숨은 까닭을 털어놓았는데, 이는 아담이 말씀을 문자 그대로가 아니라 "네가 어디에 숨었느냐?"와 "왜 숨었느냐?"는 물음으로 이해했다는 방증이다.

물론 그렇게 따져도 '두렵다'는 말은 왠지 석연치가 않다. 그보다는 '부끄럽다'가 더 어울리지 않을까 싶어서다. "벌거벗은지라 부끄러워 숨었나이다."라고 했다면 2장 25절에 기록된 "아담과 그의 아내 두 사람이 벌거벗었으나 부끄러워하지 아니하니라(창 3:10)" 와도 대구를 이룬다.

게다가 당시 아담은 벌거숭이가 아니었음에도 "벗었다" 고 말한 점 또한 선뜻 이해하기가 어려울 것이다. 금단의 열매를 먹은 후 벌거벗었다는 사실을 눈치 챈 그들은 즉시 무화과나무 잎으로 몸을 가리지 않았는가(창 3:7)?

두려워했다는 점으로 미루어 아담은 자신이 계명을 위반했다는 사실을 잘 알고 있었을 것이다. 동산에서는 '선악을 알게 하는 나무 열매는 먹어선 안 된다' 는 명령 외의 규제는 전혀 없었다(창 2:17).

그럼에도 그 한 가지를 지키지 않았다. 아담과 하와는 금지된 열매의 유혹 앞에 속절없이 무릎을 꿇고 말았다. 그러고 나니 벗었다는 사실보다는 공포심이 그를 사로잡았을 것이다.

아담은 뭔가 다른 뜻으로 "벗었다" 고 말했다. 이는 육적인 것이 아니라, 하나님에게서 등을 돌려 고의로 계명을 위반한 자를 둘러싼, 영적인 벌거숭이를 의미한다. 하나님의 말씀을 무시하고 창조주에게서 등을 돌린 그는 주님의 영광과 신의 빛을 잃은 탓에 외롭고 쓸쓸하며 외부에 노출된 자로 전락하고 말았다. '벗는다'는 것은 이를 두고 하는 말이다. "벗었으므로 두려워하여 숨었나이다."

하나님의 요점은 다음 두 가지였다.

1) "네가 벗었다는 것을 누가 이야기하더냐?"
2) "내가 먹지 말라고 명한 나무 열매를 먹었느냐?"

그리고 하와에게는 "네가 어찌하여 이렇게 하였느냐?" 고 물으셨다. (아벨을 죽인 가인에게도 "네가 무엇을 하였느냐"고 질문하셨다(창 4:10). 다음 장에서 좀 더 구체적으로 살펴보겠지만, "네가 무엇을 하였느냐"는 성경 전반에 걸쳐 두루 반복되는 물음이기도 하다)

하나님은 답을 아신다. 아담이 어디에 숨었는지, 그가 벌거벗게 된 사실을 어떻게 알았는지, 하와가 무엇을 했는지 모르실 분이 아니다. 그럼에도 굳이 물으시는 까닭이 무엇일까?

답변을 염두에 둔 질문이 아니었기 때문이다. 하나님은, 잠시 여유를 두고 깊이 반성하라는 의도로 물으신 것이다. 물음표(?)에는 평서형 마침표(.)와 달리 인간의 내면을 꿰뚫는 무언가가 있다. 또한 누군가가 물으면 답변을 해야 하는데, 답변을 할라치면 생각이 불가피하다.

하나님이 인간에게 물으신다면 의당 심사숙고해야 하지 않겠는가?

"지금 어디 있느냐?"

"나의 영광과 인간의 위엄을 벗어던졌느냐?"

"내 명령을 준행하였느냐? 내가 모든 피조물 위에 군림하도록 너를 창조하지 않았느냐? 설마 네가 다스려야 할 짐승처럼 욕정에 사로잡힌 채 가리개를 하고 숨어있진 않겠지?"

"나와의 관계가 지금 어떻게 되었으며 네 자신에게 무엇을 했는지 아느냐?"

"어제는 어디에 있었으며, 오늘은 어디에 있느냐?

내일은 어디에 있을 것이냐?"

물음의 답변은 기록되지 않았으나 하나님의 질문에 '부답unanswered' 이라고는 없다. 따라서 '무엇(מָה)' 은 아직 대기 중에 맴돌고 있으며 때가 되면, 히브리 문자는 같으나 전혀 다른 말(의문사가 아니라 감탄사)로 바뀔 것이다. 이를테면, 『창세기』의 'איכהָא(아예카)' 는 『민수기(11:11)』에서 하나님께 부르짖는 모세의 'אֵיכָה(에이하, 슬프다, 어찌하여, 왜)' 가 될 것이다(어찌하여 이 모든 백성을 내게 맡기사, 내가 그 짐을 지게 하시나이까?). 'אֵיכָה(에이하)' 는『예레미야 애가』의 첫머리를 장식하며 책 전반에 반복되기도 한다. '슬프다 이 성이여 전에는 사람들이 많더니 이제는 어찌 그리 적막하게 앉았는고?'

'에이하' 는 성경에서 가장 우울한 어구로 두 음절에서 비애와 탄식이 파형을 그리며 메아리친다. 또한 가슴이 아파 누구도 위로해줄 수 없는 신음이 바로 '에이하' 다.

어찌 이런 일이 있습니까?

어찌 이럴 수가 있습니까?

어째서 그렇습니까?

왜 그렇습니까?

슬프도다!

답변이 없는 물음('어디 있느냐?')에 숨어 있는 쓰디쓴 열매는 절망과 탄식의 한숨이다. 숨죽인 울음은, 등을 돌려 숨으려는 자의 내면에서 서서히 사그라진다.

"어디 있느냐?"는 공간·지리적 위치가 아닌 실존적existential 물음이다.

영적으로spiritually, 지적으로intellectually, 정서적emotionally으로 어디 있기에 창조주에게서 멀어졌느냐는 얘기다.

'수치심과 겁에 질린 채 쭈그리고 앉아 있는 아담아, 눈을 창조한 내가 너를 보지 못할 성싶으냐?

'네 자신을 피하려고 숨은 것은 아니냐?'
'지금이, 나를 배반하기 전보다 더 만족스럽냐?'

하나님은 인간에게 "어디 있느냐?(아예카)" 고 물으시나 인간은 하나님께 "어찌 이런 일이!(에이하)" 라며 탄식한다.

즉, '아예카' 에서 '에이하' 로 이어지는 셈이다.

공간을 일컫는 '어디 있느냐?' 는 정체되는 법이 없이, 실존적인 '어째서Why' 와 위로할 수 없는 탄식과 비애의 '어찌하여How' 가 되기도 한다. 숨을 죽인 신음은, 창조주를 피해 숨으려는 자의 내면에서 서서히 자취를 감춘다. 탄식의 기원을 찾으려는 자는 그것이 하나님을 배반한 데서 비롯된다는 사실을 발견할 것이다.

'어디 있느냐?' 는 공간 · 지리적 것이 아니라 인간의 본질을 둘러싼 실존적인 물음이다.

하나님은 인간의 행방을 정확히 아시나 그가 이를 스스로 깨닫기를 바라신다.

'나는 지금 어디에 있는가? 하나님을 떠나 방황하는 지금 나는 어디에 있으며 죄를 범하기 전에는 어디에 있었는가? 어제와 오늘은 어디에, 내일은 어디에 있을 것인가?
'지금이 나를 배반하기 전보다 더 만족스러운가?'

'수치심과 겁에 질린 채 웅크리고 있는 아담아, 눈을 창조한 내가 너를 보지 못할 성싶으냐?'
'네 자신을 피하려고 숨은 것은 아니냐?'

03

무얼 했느냐?

3 무얼 했느냐?

"아담이 이르되 하나님이 주셔서 나와 함께 있게 하신 여자 그가 그 나무 열매를 내게 주므로 내가 먹었나이다. 여호와 하나님이 여자에게 이르시되, 네가 어찌하여 이렇게 하였느냐? 여자가 이르되 뱀이 나를 꾀므로 내가 먹었나이다."

— 『창세기(3:12~13)』

죄를 해부하다

하나님께서 하와에게: "무얼 했느냐?"

앞서 언급했듯이, 아담에게 "어디 있느냐?" 물으시던 하나님은 하와에게는 "네가 어찌하여 이렇게 하였느냐?" 고 물으셨다. 필자는 2장에서 "어디 있느냐?" 는 질문에 담긴 의미를 좀 더 폭넓게 살펴보았는데, 하와에게 "무얼 했느냐?" 고 물으신 것 또한 주님이 피조물에게 던지신 첫 질문이었다. 이는 겸손한 사람이라면 누구나 두고두고 되새겨야할 그런 물음이다.

아담과 하와가 전 인류를 대신하듯, 하나님의 계명을 위반한 죄 역시 인류의 죄를 미리 재현한 예표라 해도 과언이 아닐 것이다. 인류의 유전자에는 아담과 하와의 것이 일부 담겨있으므로 후손이 짓는 죄에도 원죄의 유전자가 들어있다.

그렇다면 무엇이 원죄를 구성할까? 결론부터 말하자면, 원죄는 유혹temptation과 이성적인 분석rationalization 및 자기합리화self-justification로 나뉘는데 이는 자신을 제어하지 못하는 데서 비롯된다.

I. 원죄를 면밀히 분석해보면 심오한 통찰력을 얻을 수 있다.

뱀('유혹'의 표상)은 하와가 하나님의 계명을 위반하도록 유도하기 위해 — 자신의 속셈을 교묘하게 숨기면서 — 그녀를 꼬드긴다. 하와가 "죽지 않으려면 열매를 먹지도 말아야하고, 그 열매에 닿지도 말아야 한다"며 하나님이 금하신 법을 확대해석하여 인용하자, 뱀은 "닿지도 말라"는 규정은 없다는 것과, 그녀가 계명을 덧붙였다는 사실을 눈치챈다(산헤드린 29a, 미드라쉬 창세기 라바 19:3 참고). 하와가 뱀의 주문대로 금단의 열매에 손을 댔으나 몸이 말짱 하자, 뱀은 손을 대도 죽지 않으니 먹어도 별 문제가 없을 거라고 설득한다. "너희는 절대 죽지 않을 거야(창 3:4). 그걸 너희가 먹는 날에는 너희의 눈들이 밝아져 하나님과 같이 되어 선악을 알게 될까봐 하나님께서 두려워서 금했던 거란다(창 3:5)."

뱀의 말은 하와에게 일리가 있고 그럴듯하게 들렸다. '그래 맞아, 동산 중앙의 열매를 금하신 까닭이 뭐겠어? 뭔가 꿍꿍이가 있는 게 틀림없어. 우리를 위한다기보다는 하나님이 아쉬우니까 그걸 먹지 말라고 하셨겠지. 게다가 뱀의 말도 틀리지 않잖아? 손을 대도 아무렇지도 않으니 먹어도 죽지는 않을 거야. 오히려 하나님처럼 위대한 존재가 될지도 모르지.'

그제야 나무가 달리 보이기 시작했다. 하와는 먹고 싶은 충동에 당최 견딜 수가 없었다.

6절을 주의 깊게 읽어보라. 본문은 — 히브리어로 21단어 — 원죄가 태동한 경위를 이해하는 데 매우 중요하기 때문이다.

> "여자가 그 나무를 본즉 먹음직도 하고 보암직도 하고('충동'이 일었다고 옮길 수도 있다) 지혜롭게 할 만큼 탐스럽기도 한 나무인지라, 여자가 그 열매를 따먹고 자기와 함께 있는 남편에게도 주매 그도 먹은지라."

위 구절을 자세히 분석해보자.

1) 열매는 맛있다.
2) 보기만 해도 흡족하다.
3) 지혜롭게 할 만큼 탐스럽다.

즉, 금단의 열매는 1) 육신적 자아와the Physical self(맛있다) 2) 정서적 자아the Emotional self(흡족하고 탐스럽다) 및 3) 지적 자아the Intellectual self(지혜롭다)를 동시에 자극했다는 얘기다.

하와는 이를 느껴본 적이 없었다. 하지만 일단 유혹에 빠지고 보니, 전에는 피해 다녔던 열매가 지금은 가장 중요하기도 하고, 반드시 손에 넣어야 할 무언가로 둔갑하고 말았다. 요컨대, 선악과를 먹고 싶은 충동은 육신과 정서 및 지성적인 차원의 합리화로 이어진 셈이다. 또한 그 충동은 '창조주가 금했다'는 불편한 사실을 묻을 만큼 위력이 대단했다. '그까짓 게 뭐 대수라고. 맛도 좋고 모양도 근사하고 여태 경험하지 못한 즐거움을 주는 데다, 하나님처럼 지

혜롭게 만들어준다고 하니 그걸 내버려둘 이유가 없지. 당장 먹을 거야.'

하와가 욕심을 품은 후 열매를 먹기까지 조금도 지체하지 않았다는 사실도 눈여겨 볼 점이다. 이를 한 절에 전부 담았으니 말이다.

'나무가 탐스러웠다' 와 '여자가 열매를 따먹고 ……' 사이에는 숨을 돌릴 여유조차 없다. 게다가 하와의 태도가 급변했다는 점도 주의 깊게 살펴보라. 앞 절에서 그녀는 "열매를 먹어선 안 된다"고 역설했다가 그렇지 않은 이유를 듣자마자 죄의 위력에 속절없이 무릎을 꿇고 만다.

열매를 먹지도 않았는데 맛이 좋은지는 어떻게 알 수 있단 말인가? 그야말로 금단illicit의 정욕이 막강하다는 방증이다. 이젠 누구도 하와의 뜻을 돌이킬 수가 없게 되었다. 충동의 대상이 그녀를 사로잡았기 때문인데, 이처럼 정욕의 힘은 이미 과실을 맛본 듯 한 착각을 불러일으킬 만큼 실로 대단하다.

지금까지 필자는 죄를 해부해보았다. 성경은 하와가 자제력을 잃고 죄에 자신을 내준 경위를 낱낱이 기록했다. 금단의 열매는 하와를 사로잡았고, 그녀는 열매의 포로로 전락하고 말았다.

우리는 여기서 '이성이 침투하면 죄를 저지를 수 있다'는 진리를 발견하게 된다. 하나님의 계명은 다른 이유 없이 그저 주님의 뜻이라는 마음가짐으로 지키는 것이 가장 바람직하다. 하나님이 아담에게 선악을 알게 하는 나무를 금하신 까닭을 밝히지 않으셨듯이, 토라(모세오경)의 다른 계명을 두고도 대부분은 이렇다 할 이유가 기록되지 않았다. 이를테면, 일주일에 하루를 쉬는 것이 이로운 까닭에 안식일을 지킨다거나, 건강에 유익하다는 이유로 할례를 행하고 정한 음식(카쉬루트Kashruth)을 먹으라고 가르치진 않는다. 사실이 그렇다손 치더라도 그것이 계명을 준행하는 이유가 될 수는 없다는 얘기다.

그러면 탈무드는 이를 어떻게 풀이했는지 살펴보자. 성경에, 아내나 말을 너무 많이 둔 이스라엘 왕을 두고 기록된 계명 가운데, 이유를 밝힌 것은 둘 뿐이었다(아내를 많이 두면 그가 마음을 정하기 어려워지고, 말이 많으면 이집트로 되돌아갈 수 있기 때문)(신명기 17:16~17을 참고). 랍비들의 가르침에 따르면, "두 계명의 근거가 명시된 탓에 가장 위대한 자[솔로몬]도 실족하게 되었다"고 한다. "성경에서 밝힌 까닭은 기우에 불과하다"고 자부한 까닭에 솔로몬은 법을 위반했다('마음이 미혹되거나 이집트로 돌아간다는 건 있을 수 없는 일이지')(산헤드린 21b).

사실, 이유를 묻거나 따지지 않고 주인을 섬기는 신실한 종이 되기란 쉽지 않을 것이다. 랍비 니심 게론디Nissim Gerondi(1310~1375)는 『키두신 31a』을 풀이하면서 "사람에게는 권위에 도전하고 계명을 우롱하려는 천성이 있으므로 타당한 근거 없이 하나님의 계명이라는 이유로 주님을 섬기는 자야말로 진실한 종"이라고 주장했다. 왜냐하면 불순종의 천성을 극복했으니 말이다(『드라쇼트 하란 하샬렘Derashot HaRan HaShalem[Mossad HaRav Kook, 2003년] 드루시 하슈비D' rush Hashvi' i,

p. 265ff』 참조). 물론 그렇다고 해서 계명 이면에 자리 잡은 원리를 파헤치려는 충동을 권위에 도전하려는 의도로 모두 다 치부하라는 이야기는 아니다. 알다시피, 유대 문헌에도 '계명의 근거'를 찾아내려는 고전이 수두룩하지 않은가? '합당한 이유를 찾을 수 없더라도 하나님을 섬겨야한다'는 전제가 깔려있긴 하지만 말이다.

하나님을 섬기는 데 이성을 부적절하게 끌어 쓰면 잘못을 저지르기 십상이다. 사울Saul 왕이 아말렉을 섬멸하라는 명령을 위반한 원인도 이성을 그릇 사용한 탓이었다. 그는 '목을 꺾은 암송아지 법(에글라 아루파the Eglah Arufah(신 21:1~9))'을 두고 아말렉을 전부 죽이라는 뜻은 아니었을 거라고 지레 짐작했다. 하지만 그가 왕권을 박탈당한 원인은 바로 그 명령을 어겼기 때문이었다(삼상 15장). 탈무드는 사울이 제사장의 도시 놉Nob을 파괴한 것을 두고 "자비를 포기해야 할 때 이를 베푸는 자는 정작 자비를 베풀어야 할 때는 이를 포기하게 될 것"이라고 기록했다(요마 22b, 전도서 라바 7:16).

하와의 경우도 크게 다르지 않았다. 그녀 역시 이성의 힘에 미혹되어 입장이 달라졌고('하나님은 우리가 신과 같이 될까 두려워했다') 결국에는 명령을 외면할 명분을 찾아냈다. 일단 계명을 지켜야 하는 이유가 밝혀지면 이와 대립된 까닭도 드러나게 마련이다. 이를테면, '부당하다'는 둥 '나보다는 남에게 해당되는 이야기'라는 둥 '상식적으로 말이 안 된다'는 둥 말이 많아질 것이다. 때문에 유대교는 지식을 묻고 연구하고 이해하려는 수고는 유익하지만 완벽하지 않은 데다 언젠가는 소멸될, 인간의 이성으로는 절대적인 계명의 깊이를 헤아릴 수 없다고 믿는다. 신앙인에게 이성은 필요치 않으며 무신론자라면 그것은 더욱 쓸모가 없다.

하와가 순식간에 타락했다는 점은 죄인의 본보기가 된다. 법의 일탈을 부추기는 유혹이 늘 주변에 도사리고 있는 까닭에 인간은 언제든 실족할 수 있다. 하나님이 가인에게 말씀하셨듯이 "죄가 문 앞에 엎드려있다(창 4:7)"는 것을 곱씹어보고 "네가 어찌하여 이렇게 하였느냐?"는 하나님의 음성에 귀를 기울이라.

II. 성경이 많은 사람에게 '네가 무엇을 하였느냐?' 고 물은 이유

성경이 많은 사람에게 '네가 무엇을 하였느냐?' 고 물은 까닭은 그것이 앞으로 범하게 될 죄를 두고도 의미심장한 역할을 할 것이기 때문이다.

따라서 하나님은 동생을 죽인 가인에게 "네가 무엇을 하였느냐(창 4:10)" 고 추궁하셨고, 여호수아는 여리고에서 전리품을 탈취하지 말라는 법령을 위반한 아간에게 "네가 무엇을 하였느냐(수 7:19)" 고 물었으며, 사무엘은 사울이 하나님의 명령을 어기자 "무엇을 행하셨나이까(삼상 13:11)?" 라며 질타했다.

'무엇을 하였는가?' 는 엄마가 카펫을 더럽힌 아이를 나무라는 것과는 다르다. 엄마와는 달리, 하나님은 답변을 염두에 두고 물으셨기 때문이다. 주님은 하와가 자신의 행동과 그 의미를 곰곰이 생각해야 한다고 일러주신 것이다.

물음은 하와가 행동의 결과를 의식해야 한다는 점에서 — 죄인이라면 의당 그래야 하듯 — 책망임이 분명하다.

하나님의 명령을 어기고도 이를 망각하는 것은 가당치가 않다. 죄에는 종지부가 없기에 범죄한 순간 이후에도 여파는 계속 지속된다. 또한 죄는 수증기처럼 증발하거나 공기 중에 사라지지 않으며 '오염원'이 잔존하게 마련이다.

계명을 위반한 사람은 하나님의 뜻과 대립된 무언가를 저지른 셈이며, 그 파장은 사회와 하나님과의 관계, 그분이 창조하신 세계 및 자신에게도 미친다. 따라서 죄는 격리될 수 없고 전염병처럼 죄인과 주변 사람 모두를 감염시킨다. 하와가 금단의 열매를 아담에게 주었을 때 그도 먹은 것처럼 말이다.

엄밀히, 죄인은 사회구성원(계명을 지키고 말씀을 연구하며 기도하며 자비와 자선을 베풀려고 노력하여 하나님께 더 가까이 나아가려는 사람에게도)에게 금단의 열매를 조금씩 먹도록 부추긴 장본인이라 해도 과언이 아니다. 게다가 범죄는 주변 사람에게 분노와 실망감 및 좌절감을 심어주어 순수한 마음으로 창조주께 헌신하려는 자의 의지를 무너뜨릴 것이다.

해석의 범위를 그렇게까지 확대하지 않더라도 개인의 죄는 하나님이 창조하신 우주의 체계를 공격한 것과 다르지 않다. 우주의 물리적 원소와 마찬가지로, 영적인 원소에도 구조가 있다. 우리는 하나님이 창조하신 세상을 건설하고 관리하는, 그분의 동역자인 까닭에 말씀에 순종하면 건물을 지탱하는 대들보는 더욱 강화될 것이다. 그러나 창조주의 계명에 대립한다면 들보가 무너져 우주의 본래 모습은 훼손되고 말 것이다.

죄에는 잠재력이 있으며 그 파장은 커다란 동심원을 그리며 계속 확산된다. 느닷없이 그렇게 되는 경우는 거의 없다. 이를테면, 본디 죄는 사람이 처음 범하기 전에는 분명 금지되어 접근하기가 쉽지는 않았을 것이다. 하지만 일단 저지르고 나면 마음에 자리를 잡은 손님처럼 내보내기가 아주 어려워진다. 이처럼 죄가 스스로 인간의 의식에 주입되면 순결한 영혼이 더러워지는 탓에 이를 쉽게 범하게 된다. 죄는 설득력이 탁월하며, 여기에 인간의 합리화와 정당화까지 가세하면 범죄를 연신 되풀이하게 되고 급기야는 잘못이 아닌 긍정적인 선행으로 '둔갑'하게 된다 (소타 22a 비교).

"네가 어찌하여 이렇게 하였느냐?"는 심사숙고하라는 주문이었다. 생각부터 하고 처신하는 편이 나은 법이다. 설령 이미 죄를 범했을지라도 이를 반성한다면 같은 잘못을 예방할 수 있으니 너무 늦었다고 지레 포기해서는 안 된다. 물론 '내가 무슨 짓을 저지른 거지?'라며 과오를 되짚는 것보다는 '앞으로 어떻게 처신해야 할까?(즐거움을 만끽하는 순간, 어떤 결과가 벌어질지 생각한다는 뜻도 된다)' 고민하는 것이 훨씬 바람직할 것이다. 이를 두고 『피르케이 아보트Pirke Avot(2:1)』는 죄의 득실을 따져보라고 권면한다. "계명을 지키는 데 감수해야 할 손해 대비 상급과, 죄를 범할 때 치러야 할 손해 대비 상급을 비교해보라(아울러 바바 바트라 78b도 참고)."

(자신에게) 무엇을 했으며, 그렇게 해서 무슨 소득을 얻었는가? 무엇을 이루었는지 주의 깊게 따져보라. 절도죄를 범했다면 돈이나 재물이 늘어 좋을지 몰라도 창조주와의 관계는 더 멀어지지 않겠는가? 행여 살인을 저질렀다 치자. 분노는 해소했을지언정 하나님이 지으신 사람의 목숨은 사라져버릴 것이다. 그뿐 아니라, 간음으로 만끽한 순간적인 쾌락은 곧 사그라지게 마련이다. 험담으로 이웃의 명예를 훼손했다면 그 대가로 무엇을 얻었는가? 고의로 계명을 어겼다면 남에게 '하나님이 존재하지 않는다'는 인상을 줄 뿐 아니라, 앞으로 그분을 뵐 면목이 없을 것이다(죄를 자백하고 회개teshuvah하여 거듭난 사람이 되지 않는다면 말이다).

해롭지 않은 것처럼 보이는 죄에도 — 사실, 하나님을 거스르는 죄는 모두 다 해롭다 — 하나님의 광채를 차단하는 힘이 있다. 무사르Mussar의 위대한 스승(랍비 심하 Z. 지브Simcha Z. Ziv, 1849~1919)은 "얇디얇은 종이도 햇빛을 막을 수 있듯이 대수롭지 않아 보이는 죄 또한 이를 고의로 저지른다면 창조주의 빛을 가릴 수 있을 것"이라고 주장했다. 이를 두고 이사야 선지자는 다음과 같이 역설했다. "오직 너희 죄악이 너희와 너희 하나님 사이를 갈라놓았고 너희 죄가 그의 얼굴을 가리어서 너희에게서 듣지 않으시게 함이니라(이사야 59:2)." (랍비 여루함 러보비츠Yerucham Levovitz의 『다아트 토라Daat Torah』 1권, p. 82[예루살렘, 5736년]참고)

사람이 죄의 손아귀에 사로잡히면 이성과 지성이 마비되는 경우가 비일비재하다. 게다가 '앞으로 어떻게 처신해야 할까?'라는 물음은 빗발치는 자기합리화와 당장의 즐거움으로 금세 자취를 감출 것이다. 그럼에도 죄를 범한 후에 들리는 메아리('내가 무슨 짓을 저지른 거지?')는 합리화에 아랑곳하지 않고 소행의 결과를 자꾸 되뇌게 한다.

물론 그는 "제 잘못이 아니에요," "그저 이성을 잃었을 뿐, 하나님의 뜻을 거스를 생각은 추호도 없었어요." "우발적인 사고였죠." "어쩔 도리가 없었어요." "순식간에 벌어진 일이거든요." "그게 죄라는 건 지금 알았다구요" 등으로 받아칠 수도 있을 것이다.

그리 나쁘지만은 않은 처신이다. 하나님의 권위에 도전하지 않았다는 점에서는 부지중에 하나님의 뜻을 거스른 것이 고의로 범한 죄보다는 덜 심각하다. 하지만 "주님의 뜻을 거스를 생각은 추호도 없었다"는 말은 적절한 변명이 될 수 없다. 인간은 생각하는 피조물이기에 "무슨 짓을 했는지 몰랐다"거나 "피해를 줄 뜻은 아니었다"고 둘러댄들 죄가 없어지는 것은 아니기 때문이다. 성전에서 제사를 드릴 당시에도 부지중에나 실수로 죄를 범한(버쇼게그beshogeg) 사람 역시 속죄제를 드려야 했다. 고의로 저지른 잘못도 아닌데 왜 속죄제를 바쳤을까? 그 까닭은 유대인이라면 사고력을 발휘해야지 충동이나 습관이나 홧김에 일을 그르쳐서는 안 되기 때문이 아닐까 싶다. 그는 하나님의 임재뿐 아니라 계명을 끊임없이 의식해야 한다. 생각하는 사람은 무심코 행동하지 않는다(우발적인 범죄로 겪는 수치는 소타 32b를 참고).

사실, 죄악에 붙들린 자는 자신의 소행을 분명히 깨닫지 못하는데, 이를 두고 랍비들은 "사람이 죄를 범하면 광기와 미련의 영이 그에게 들어온다"고 주장한다(소타 3a). 즉, 창조주의 임재를 의식하는, 정신이 온전한 사람은 하나님의 계명을 고의로 위반할 수 없다는 얘기다. 가끔 광기가 그를 지배하면 이성이 아닌 본능을 따르게 되며(이를 가리켜 '정신줄을 놓는다' 고 한다) 광기는 종종 자기합리화로 — '주인은 따로 있지만 사실 그건 내가 더 필요한 물건이라구,' '워낙 부자라 그것쯤은 없어도 아쉽지 않을 거야.' — 나타나거나, 마음에 불붙듯 타오르는 열심과 분노 혹은 정욕으로 둔갑하여 인생의 주도권을 빼앗는다.

그러나 미련과 광기어린 변론은 죄인을 사면해주지 않는다. 이는 범죄의 합리성보다는 범죄의 과정을 낱낱이 밝히는 꼴에 불과하기 때문이다. 죄인은 의당 책임을 져야 한다.

III. "네가 무얼 했느냐?"를 셋으로 쪼개어보자.

1) 무엇을

의문사 '마(מָה)'는 『창세기』에만 90번 남짓 등장하며 주로 죄인에게 쓰던 말이었다. 소욕과 충동에 몸을 맡긴 그는 자신의 과오를 정당화할 것이며 심지어는 '같은 죄를 또 저질러볼까' 하는 마음을 품고 있을지도 모른다. 그러나 '무엇(마)'이라는 한마디가 이를 그만두게 한다. 죄인이 '수사관'의 추궁을 받게 되기 때문이다. 이 물음은 곧 책망하는 손가락이 된다. "무얼 하였는고?" 같은 단도직입적인 발언은 그를 꿰뚫어 가슴에서 메아리를 일으키며 의구심을 부추길 뿐 아니라 다시 생각해볼 마음도 갖게 한다. 권위에 도전함으로써 만족감이 극대화될 때 'מָה'가 등장하면 그의 죄과는 취조와 의심을 받게 된다. 그러면 '난 떳떳하지만 혹시 내가 잘못한 건 아닐까?'라며 커다란 물음표가 그림자처럼 졸졸 따라다닐 것이다. 'מָה'를 듣는 순간 양심이 그를 들볶기 시작한다. 얼마 전까지만 해도 그는 하늘을 우러러 한 점 부끄러움이 없었다(하와의 욕망을 누구도 말릴 수 없을 때 그녀 역시 일절 거리낌이 없었다). 하지만 지금은 뭔가 켕기는 듯하다.

성경에서 가장 위력적인 단어를 묻는다면 'מָה' 를 꼽아야 하지 않을까 싶다. 두 문자에는 죄인의 독선self-righteous에 일침을 가하고 회의doubt를 불러일으키는 위력이 있다.

2) 너는

다름 아닌 '네가' 그 짓을 저질렀다는 말이다. 그러니 남을 탓하지 말고 당신이 스스로 책임을 감당해야 한다. 그 아저씨나 아가씨가 그랬다는 둥, 부모님을 잘못 만났다는 둥, 가정형편이나 사회가 그랬다는 변명은 설득력이 없다. 죄를 범한 당신이 책임을 져야 한다. 그릇된 행동은 바로 잡아야 한다. 이웃에게 잘못했다면 용서를 빌거나 손해를 배상하거나 혹은 훔친 것을 돌려주고, 하나님께 범죄했다면 회개하라.

남에게 책임을 전가하려는 마음은 누구에게나 있다. 예컨대, 아담도 하나님이 추궁하셨을 때 하와를 비난했고 하와는 뱀에게 책임을 떠넘겼다. 뱀은 하와를 꼬드긴 댓가로, 아담은 하와의 설득에 넘어간 이유로 치벌을 받았으나, 하나님은 책임을 하와에게서 찾으셨다. 따지고 보면, 그녀는 하나님께 도전한 첫 인간이었기 때문이다. 하와야말로 몸소 죄를 범한 인물이었다. 인류를 위한, 하나님의 계획을 꺾은 책임은 주로 하와에게 있었다. 따라서 하나님은 아담도, 뱀도 아닌 하와에게만 "네가 어찌하여 이렇게 하였느냐?" 고 물으셨다.

3) 했는가?

핵심이 되는 말이다. 히브리어로는 수동이 아닌 능동태 동사 — '아시타(네가 했다)' — 를 썼다. '어찌하다보니 하나님의 뜻을 거스르게 되었다' 는 소극적인 서술은 적절치가 않았다. 즉, 너 자신이 그랬다는 것은 스스로 수족을 놀렸으며 실시간으로, 꿈이 아닌 현실에서 그랬다는 얘기다. 이를테면, '물건을 도난당했다' 가 아니라 네가 훔쳤고, '가증한 말이 나왔다' 가 아니라 네가 직접 입을 열었으며, '계명이 지켜지지 않았다' 가 아니라 네가 계명을 어겼다고 봐야 한다.

물론 동사 '했다' 에는 '과거시제로 썼다' 는 긍정적인 면도 있다. 이미 지나간 일이고 앞으로는 반복하지 않을 수도 있다는 점에서 그렇다. 누구나 말 그대로 '했다' 로 끝나기를 바랄 것이다.

Ⅳ. 하나님께 도전한 결과

지금까지 죄인의 환경과 하나님과의 관계, 전 세계를 둘러싼, 창조주의 궁극적인 계획과 죄인 자신을 두고 죄가 어떤 결과를 초래하는지 살펴보았다. 그러면 하나님의 권위에 도전한 결과(아담과 하와가 죄를 범했을 때 죽음이 세상에 들어왔다는 점)를 한 가지 더 짚어보자.

죽음은 대개 죄의 심판으로 여기나 그 이상의 의미가 있다. '죄의 삯wages이 사망(죽음이 죄의 결과)' 이라는 명제는 옳지가 않다. 죄 자체가 죽음의 한 형상이기 때문이다. 죄를 범하면 사람은 살아계신 창조주의 권위를 경멸하는 것이다. 성경에는 '살아계신 하나님' 이라는 뜻의 '엘로힘 히임(Elo-him Chaim)' 과 '엘 하이(El Chai)' 가 각각 다섯 번과 여덟 번 기록되었고 '하나님의 살아계심을 두고 맹세한다' 는 언약은 36번 나온다. 하나님도 17번이나 당신의 삶을 두고 맹세하셨다. 살아계신 하나님에게서 등을 돌린다면 죄인 안에서 꿈틀대는 무언가가 사그라지고 죽음이 그를 '접수' 해버릴 것이다. 요컨대, 그는 무상할 뿐 아니라 종국에는 생명이 끊어지는, 영생과는 거리가 먼 세력non-spiritual force을 선택한 것과 같다. 따라서 죄인은 '죽음' 이라고 알려진 영역에 들어설 것이다. 죄는 하나님과 생명에 대립하며 사망(생명과 대립한 결과)은 본디 죄의 필연적인 결과인 셈이다.

또한 아담이 에덴동산에서 추방된 사건에도 심판 이상의 의미가 있다. 그는 동산에 더는 머무를 수가 없었다. 하나님의 법을 깨뜨려 더러워진 영혼은 동산이 품을 수가 없었기 때문이다. 부정과 탐욕, 시험 및 육신적인 것에 감염된 영혼은 죽음을 끌어들여 하나님의 영원한 동산에 거할 처소가 없다.

V. "네가 어찌하여 이렇게 하였느냐?"

하와와 아담은 전 인류의 운명을 뒤바꿀 죄를 저지르고 말았다. "이 사람이 우리 중 하나 같이 되었으니(창 3:22)"라는 기록처럼 그전까지만 해도 아담은 하나님의 동역자나 다름없었다. 미드라쉬에 따르면, 아담은 신에 준하는quasi-divine 피조물이었다고 한다. 하나님은 그와 함께 동산 곳곳을 누비며 각양각색의 장관을 보여주시고는 "아담의 유희를 위해 이를 창조했다"고 말씀하셨다. 천사는 그를 섬겼고 하나님은 "네 세상을 파괴하지 말라"며 직접 훈계하셨다(전도서 라바 7, 산헤드린 59b). 그러나 죄를 범한 후 아담은 이 모든 것을 잃었고, 하나님의 본래 계획인 영생대신 죽음을 세상에 끌어들였으며, 동산에서 영영 추방되고 말았다.

당신은 무엇을 했는가!

이건 여담인데, '아시타' 는 대개 '하다do' 나 '처신doing' 으로 번역되는 '아소aso' 가 어원이나 여기에는 다양한 의미가 겹겹이 포장되어 있다. 단어의 쓰임새를 분해할 수 있다는 것은 뜻이 '하다' 에 국한되지 않는다는 방증이다.

보편적이진 않지만 이 어구는 눈살을 찌푸리게 하거나 부정적인 결과를 초래하는 '짓' 을 언급할 때 주로 쓴다. 위의 사례와 더불어, 앞으로 열거할 문장에서도 '아소' 가 달갑지 않은 처사를 일컫는다는 점을 짐작할 수 있을 것이다. 때문에 중립적인 '하다' 보다는 부정적인 뉘앙스가 풍기는 '범하다 혹은 저지르다perpetrate' 로 옮기는 것이 더 적절할 것이다.

- 여호와 하나님이 뱀에게 이르시되 "네가 이렇게 하였으니 ……(창 3:14)."
- 사라가 아브라함의 아내라는 사실을 아비멜렉이 눈치

챘을 때 —

"어찌하여 우리에게 이렇게 하였느냐(창 20:9)."

- 라반에게 속은 야곱이 그에게 — "어찌하여 내게 이같이 행하셨나이까(창 29:25)."
- 그를 속이고 딸을 데려갔다는 이유로 라반이 야곱을 책망할 때 — "어찌 이같이 하였느냐(창 31:26)."
- 요셉의 형제들이 세겜 성을 공격한 후 — "우리 누이를 창녀 같이 대우함이 옳으니이까(창 34:31)."
- 요셉의 형제들이 베냐민의 자루에 돈이 있음을 알고 — "하나님이 어찌하여 이런 일을 우리에게 행하셨는가(창 42:28)"
- 요셉 총독이 형제들에게 — "너희가 어찌하여 이런 일을 행하였느냐(창 44:15)."
- 전령이 "너희가 이같이 하니 악하도다"라며 요셉의 형제들을 꾸짖자 그들은 "이런 일은 결단코 아니하나이다(창 44:5,7)"라고 대꾸했다.
- 하나님께서 금송아지를 만든 이스라엘을 멸절하지 않기로 마음을 돌리실 때 — "여호와께서 뜻을 돌

이키사 말씀하신 화를 그 백성에게 내리지 아니하시니라(출 32:14)."

- 이스라엘 백성이 모세에게 불만을 토로할 때 —
  "어찌하여 우리에게 이같이 하느냐?(출 14:11)"
- 모세가 금송아지를 만든 아론에게 —
  "이 백성이 당신에게 어떻게 하였기에 ……(출 32:21)"
- 사울 왕이, 금식 명령에도 꿀을 마신 요나단에게 —
  "네가 무엇을 행하였느냐?(삼상 14:43)"
- 예레미야가 우상에 빠진 이스라엘을 향해 —
  "네가 무엇을 하였느냐?(렘 2:23)"

04

내가 동생을 지키는 자입니까?

4 내가 동생을 지키는 자입니까?

가인이 그의 아우 아벨에게 말하고, 그들이 들에 있을 때에 가인이 그의 아우 아벨을 쳐 죽이니라. 여호와께서 가인에게 이르시되 "네 아우 아벨이 어디 있느냐?" 그가 이르되 "내가 알지 못하나이다. 내가 내 아우를 지키는 자니이까?" 이르시되, "네가 무엇을 하였느냐? 네 아우의 핏소리가 땅에서부터 내게 호소하느니라."

— 『창세기(4:8~10)』

인간이 하나님께 묻다
"내가 동생을 지키는 자입니까?"

하나님과 인간의 대화는 "네가 어디 있느냐?"는 창조주의 물음으로 시작된다(창 3:9). 그런데 하나님은 아담의 아들인 가인에게도 "네 동생 아벨은 어디 있느냐?"며 대화의 장을 여셨다(창 4:9).

아담은 아무런 대꾸도 하지 않았고 대신 두려운 탓에 숨어있다고 털어놓았다. 그러나 가인은 숨지도 않은 데다 "내가 동생을 지키는 자"냐며 반문(인간의 첫 물음이기도 하다)까지 했다(창 4:9).

이는 '동생을 지켜야 한다는 것을 아무도 가르쳐주지 않아 몰랐다'며 정말 궁금해서 천진난만하게 던진 그런 물음이 아니라, 건방지고 무례한 언사라야 옳을 것이다. 하나님의 질문에 인간이 답변한 사례를 보면 자명해진다.

예컨대, 아담은 추궁하시는 하나님께 "두려워서 숨었나이다"라고 대꾸하고는 하와에게 책임을 전가했다. 그러자 하와도 뱀에게 책임을 미뤘다. 잘못을 시인한 사람은 없었으나 분명 양심의 가책은 느꼈을 것이다. 그런데 가인은 어떤가? 죄책감이라고는 코털만큼도 없었다.

“제가 동생을 지키는 사람입니까? 왜 제게 동생이 있는 곳을 물으십니까? 제가 창조주입니까? 동생을 보호하고 그의 목숨을 건지는 건 하나님이 하실 일입니다. 누가 피조물을 살펴봐야 합니까? 하나님이 동생을 내버려두어 그가 죽은 겁니다. 동생을 지키는 자는 내가 아니라 하나님이라구요.”

경솔하고 오만한 속내가 뚜렷이 드러난다. “언제 제게 동생을 지키라고 했습니까? 직접 찾아보세요! 제가 동생과 무슨 상관이 있습니까?” 반문이라기보다는 조롱이 섞인 뻔뻔한 말대꾸라야 옳을 것이다.

가인의 대답을 구성하는 세 단어 — 지키는 자, 형제(동생), 나 — 에 주목하자.

지키는 자(שׁוֹמֵר, 쇼메이르):

'샤마르(שָׁמַר, 지키다)'는 아담과 하와가 "에덴동산에서 이를 경작하고, 지키고, 보호하라"는 명령을 받았을 때 처음 등장하며 십계명(열 마디 말씀)에서도 보인다. "안식의 날을 지키라(보호하라)(신 5:12)."

형제:

형제란 사랑과 관심을 쏟는 선천적인 관계를 일컫지만 성경의 역사는 대개 그렇지가 않았다. 예컨대, 가인은 동생 아벨을 죽였고, 이스마엘은 이삭과 라이벌이었으며, 에서는 야곱을 증오했으며, 요셉은 형제들에게 미움을 샀으니 말이다. (모세와 아론의 순수한 관계는 예외로 볼 수 있다)

나:

히브리어 "아노히(אָנֹכִי, 나)"는 열 마디 말씀에서("나는 네 하나님인 여호와다.") 하나님이 자신의 존재를 밝힐 때 처음 등장한 1인칭 대명사다. 우주에서 '아노히'는 한분뿐인데 인간이 그 한분이신 하나님을 모방했다. 그는, 보호하고 지키는 "나"가 되려 했던 것이다. '지키는 자'와 '형제' 및 '나'는 인간을 구성하는 3요소라 할 수 있다.

즉, 나는 인간의 정체성을 일컫는다.

내가 아닌 사람 중에서 내가 손을 뻗는 그는 '나'의 형제다.

나누고, 지키고, 보호하며 사랑하는 '쇼메이르(שׁוֹמֵר:지키는 자)'가 됨으로써 나는 내가 아닌 누군가에게 손을 뻗는다.

이 셋은 인간이라면 누구에게나 내면에 항상 자리를 잡아야 하며 균형이 흐트러져서도 안 된다.

그러나 가인의 3요소는 균형이 깨지고 말았다. '나'는 주장하나 본인이 형제라는 점을 거부했고 '쇼메이르'를 두고는 코웃음을 쳤기 때문이다.

수년 후, 하나님은 이스라엘 백성에게 근본적인 계명을 주시며 이를 "성경의 위대한 원리"라고 칭하실 것이다(여루

샬미 느다림 9:4)." 그것은 다름 아닌 "네 이웃을 네 몸과 같이 사랑하라(레 19:18)" 인데, 가인의 무례한 언사는 '사랑Love' 과 '이웃Neighbor' 및 '자신Self' 을 대놓고 반박한 꼴이 되었다.

즉, 사랑은 보호하고 지키는 것이고,
네 자신이 "나"를 일컫듯,
이웃이 곧 너의 형제다.

가인은 주님의 위대한 계명을 짐작했으나 미처 말씀하기도 전에 이를 짓밟아버렸다. 가인에게는 사랑도, 이웃도, 형제도 없었고 오로지 자신뿐이었기 때문이다.

가인의 무례한 발언은 이기심에서 비롯되었다. 창조주를 향해 던진 비수와도 같은 말에는 "인간은 자신만 책임을 지면 그만일 뿐 이웃은 아무런 상관이 없으며, 세상에는 자신 밖에 없다"는 뜻이 담겨 있었다.

가인은 작금의 세속적인 인간을 대변한다. 그에게는 내

일도, 내세도 없었다. 그는 물질적인 세상의 키를 쥐고 있었으며, 하늘의 신령한 것은 망상일 뿐, 오감을 만족시키지 않는 무용지물에 불과했다.

게다가 그는 본능적인 사람인지라 관심이 가는 일에만 집중했으며, 본능이 하라는 대로 동생을 죽이고는 책임을 회피해버렸다. 정당성을 확보하기 위한 질문은 '내게 유익한가? 만족을 줄 수 있는가?' 뿐이었다.

따라서 가인은 질이 떨어지는 제물을 바쳤을 공산이 크다. 그는 매우 평범한 "땅의 소산(창 4:3)"을 드렸으나 동생 아벨은 특별한 "양의 첫 새끼(창 4:4)"를 봉헌했다고 한다.

인간은 본능대로 행동하고 자신의 소욕을 위해 살라고 창조된 동물이 아니다. 따라서 동물적인 본능을 극복하는 것이 인간의 과제일 것이다.

성경은, 인간의 수준을 끌어올려 본능에 안주하지 않고,

자연스럽지 않은 것을 자연스럽도록 바꾸려고 기록된 것이다. 선천적인 본능은 '나만의 쇼메이르'가 되는 것이나 성경을 통해 어색한 본능(관심을 갖고 형제를 보살피고 지키는 것)은 당연한 것으로 바뀌게 될 것이다.

가인의 무례한 언사는 창세기 4장에 기록되어 있다. 토라(모세오경)는 (앞으로 185장 정도가 남았다) 인간이 하나님께 던진 물음의 답을 이렇게 가르친다.

> '그렇다, 내가 너와 그를 지었으니 네가 동생을 지켜야 마땅하다.'
> '네가 동생을 지키는 자다.'
> '그러니 그가 괴로울 때 도와주고, 필요한 것이 있으면 꾸어주고, 무거운 짐이 있으면 힘써 거들라.'
> '빈궁하면 그에게 밭의 일부를 떼어주고, 그를 네 몸과 같이 사랑하라.'
> '세상에는 너만 있는 것이 아니다.'
> '네 동생은 네가 지켜야 한다.'

'내가 너와 그뿐 아니라 너희와 똑같은 인류를 창조했느니라.'
'나는 내 형상대로 창조된 네게 생명을 주었으며,'
'너를 도우며,'
'네 모자란 것을 채우며,'
'너를 후원하리니,'
'너도 이웃을 돕고, 모자란 것을 채우며, 그들의 든든한 후원자가 되어라.'

형제간의 우애를 거부하고 이웃과 더불어 사는 존재라는 사실을 부정하는 자는 짐승과 같으며, 인간의 품격을 스스로 떨어뜨려 쓸모없는 자로 전락할 것이다. 스스로 품위를 떨어뜨린 자만이 창조주께 반박할 수가 있다.

"제게는 동생을 지켜야할 책임이 없습니다. 하나님이 그를 책임져야 합니다. 그런데 동생은 이미 세상을 떠났으니 내가 아니라 주님이 직무를 유기한 셈입니다. 이래도 제가 동생을 지켜야 합니까? 동생을 직접 찾아보십시오."

하나님은 최초로 아담에게 "어디 있느냐?" 고 물으신 후, 그의 아들에게는 "동생 아벨은 어디 있느냐?" 고 물으셨다.

두 물음은 서로 무관하지가 않다. 즉, 사람이 자아와 불가분의 관계이듯, 사람과 그의 형제 또한 분리될 수 없는 '하나' 인 것이다. 인간은 자신의 현주소를 알면 형제의 그것도 알게 되고, 그 역도 성립하게 마련이다.

필자를 비롯한, 여러분에게 던지는 질문이 들리는가?

자신의 현주소를 아는가?

형제가 어디에 있는지 아는가?

아담과 같이 숨을 곳을 찾고 있는가? 가인처럼 반항하며 책임을 부인하거나, "오늘만을 위해 살면 왜 안 되느냐" 며 하나님께 대들고 있진 않는가?

"가인아, 동생은 어디 있느냐?"

답변은 딱 둘이다.

"제가 동생을 지키는 자입니까?"

"제 옆에 있습니다. 동생과 저는 '하나' 니까요. 형제가 제 '쇼메이르(שׁוֹמֵר:지키는자)' 인 것처럼 저도 동생의 쇼메이르가 되겠습니다."

05

제 죄가
감당할 수 없을 만큼
큽니까?

5 제 죄가 감당할 수 없을 만큼 큽니까?

"여호와께서 가인에게 이르시되 …… 네가 땅에서 저주를 받으리니 …… 너는 땅에서 피하며 유리하는 자가 되리라."

— 『창세기(4:9~12)』

후회의 기원:
죄가 그렇게 무겁습니까?

역사가 시작될 무렵, 두 조상이 등장한다. 아벨은 양치는 목자였고 가인은 농사꾼이었다. 가인은 하나님께 땅의 소산을 드렸고 아벨 또한 양의 첫 새끼를 하나님께 바쳤다. 그런데 하나님은 아벨의 제사는 흠향하셨으나 가인의 제물은 기뻐하지 않으셨다. 아벨의 제물이 가장 좋은 것('첫 새끼와 살찐 것')을 드린 데 반해 가인은 인색하게(구별된 소산이 아닌 '땅의 소산') 드린 탓인 듯싶다.

가인은 화가 치밀었다.

"그들이 들에 있을 때에 가인이 그의 아우 아벨을 쳐 죽이니라(창 4:8)."

결국 하나님은 가인에게 '땅의 방랑자가 되리라'며 그를 저주하셨고(13절), 가인은 "גָּדוֹל עֲוֹנִי מִנְּשֹׂא, 가돌 아보니 미느소"라고 대답했다. 그런데 이 구절은 다양한 해석이 가능한 탓에 독자의 흥미를 자극한다. 즉, 직설적으로는 "내 죄벌이 지기가 너무 무거우니이다"라고 옮길 수 있는데, 그렇게 읽으면 죄를 후회하고, 뉘우치고, 회개한다는 뉘앙스가 묻어난다. 성경 본문도 그렇게 읽어야 타당하다.

그러나 라쉬는 이를 가인의 물음으로 해석하여 "[하나님께서] 용서하실 수 없을 만큼 죄가 큽니까?"라고 이해했다. 그는 탈무드 『산헤드린 101b』와 『미드라쉬 라바』에 근거하여 위 구절을 다음과 같이 해석했다.

> 본문은 의문형으로 보고 "오, 하나님, 천지는 참으시면서 제 죄는 그러지 못하신단 말씀이십니까?" 라고 읽어야 한다. 라쉬는 '미느소' 가 '참다' 혹은 '용서하다' 의 뜻이 있다고 이해했다.

직설법으로 읽으면 죄의 부담을 안은 쪽은 가인이고 의문문으로는 가인의 죄를 하나님이 부담하는 셈이다.

그러나 두 가지 해석에는 또 다른 차이가 있다. 본문이 사실을 진술한 것이라면 후회와 회개의 심정을 드러내게 된다("죄벌이 지기가 너무 무거우니이다"). 그런데 의문문일 경우에는 뉘우치는 마음이 좀 모자라 보일 수 있다. 그렇다, 가인은 자신이 죄를 저질렀다는 사실을 알았음에도 하나님께 이의를 제기했고, 죄를 그토록 가중스럽게 보시는 까닭에 의문을 가진 듯했다. "우주와 천지는 참으시면서 왜 내 죄과는 참지 않으시는 겁니까?"

가인이 그런 의도로 대답했다면 그 구절은 순수한 후회로 볼 수가 없다. 죄의 심각성을 잘 모르는 듯싶기 때문이다. 그는 죄가 그다지 중요하지 않은 것처럼 이야기하고 있다. “예, 제가 그랬습니다만, 왜 그런 일로 화를 내시는 겁니까? 하나님은 만물의 주인이시잖아요?”

어찌 보면, 우리는 가인을 너무 매몰차게 대했을지도 모른다. 어조가 관건인 만큼 순수한 마음으로 회개했다고 볼 수도 있다. “저를 용서해주실 순 없습니까? 우주를 감당하시는 하나님께 제 죄도 맡기니 저를 용서하소서.” 『산헤드린 101b』은 이를 “하나님은 앞으로 수십만의 이스라엘 백성을 용서하실 텐데, 제 한 가지 죄는 용서해주실 수 없으십니까?”라고 기록했다.

경우야 어떻든, 성경은 죄를 후회하는 인간의 심경을 최초로 기술했다. 아담과 하와도 하나님의 계명을 위반했으나 그것이 적발된 뒤로는 변명과 합리화만 눈에 띈다. 물론 구전으로는 그들이 회개했다고 전해지나 성경에 뉘우치는 대목은 없다.

그럼 이 시점에서 회개를 잠깐 상고해보자.

후대에 가면 중죄를 저질러 왕권이 박탈되고 하나님의 눈에 거슬리게 된 사울 왕이 등장한다(이는 다음에 좀 더 구체적으로 논의할 것이다). 다윗 왕도 큰 죄를 저질렀으나 그것이 왕국의 종말로 이어지지는 않았다.

그렇다면 사울과 다윗의 운명이 엇갈린 까닭은 무엇일까?

사울의 죄는 『사무엘상』 15장에 기록되어있다. 그는 하나님께 "아각 왕을 비롯하여 아말렉을 모두 진멸하라"는 명령을 받았으나 그렇게 하지 않았다. "사울과 백성이 아각과 그의 양과 소의 가장 좋은 것 또는 기름진 것과 어린 양과 모든 좋은 것을 남기고 진멸하기를 즐겨 아니하고 ……(삼상 15:9)."

그런 까닭에 사무엘은 하나님께서 왕권을 박탈하셨다는 것을 그에게 통보했다. 한편, 다윗의 죄는 헷 사람 우리아Uriah의 아내인 밧세바Bat-Sheba와 관계가 깊다. 그는 밧세바를 취하기 위해 그녀의 남편을 최전선에 투입시켜 죽게 했고(삼하 11:14), 결국에는 나단 선지자에게 신랄한 질책을 받는다. 구전 탈무드 『샤바트 56a』에 따르면, 다윗은 남의 아내를 빼앗으려한 중죄를 저지르지 않았다고 한다. 밧세바는 이미 우리아에게 조건부 이혼을 당한 데다, 우리아는 왕에게 반역하여 사형을 당해 마땅했기 때문이다. [토사포트Tosafot ibid., s.v. '리쿠힌likuchin' 과 s.v. '다마르d' amar' , 산헤드린 107a, 기틴 73b 및 요마 22b도 참고할 것] 아울러 아바르바넬Abarbanel과 말빔Malbim이 각각 『열왕기상(15:5)』와『사무엘하』을 풀이한 주석도 귀감을 준다.

그러면 선지자에게 손가락질을 당한 두 왕의 반응을 대조해보자. 사울은 계명을 거의 준행했다고 변명하고는 "백성이 두려워서 그랬다" 며 잘못을 그들에게 전가했다. 후회나 뉘우치는 기색은 없었으며 가인처럼 죄의 심각성을 모르는 듯했다.

한편, 나단 선지자가 "당신이 그 사람이라(삼하 12:7)" 고 다윗을 지목하며 "우리아의 아내를 취하기 위해 그를 이용했다" 고 맹비난하자 다윗은 즉시 죄를 깨닫고는 다음과 같이 진심으로 이를 뉘우쳤다. "다윗이 나단에게 이르되, 내가 여호와께 죄를 범하였노라(삼하 12:13)."

결국, 왕권의 박탈로 이어진 사울의 죄와는 달리(삼상 15:11) 개인적인 심판에 그친 다윗의 죄는(삼하 12:15ff.) 각자가 하나님의 선지자에게 어떻게 대응했느냐에 따라 달라진 것이다. 사울 왕은 회개는커녕 자신의 죄조차 깨닫지 못했으나 다윗은 죄를 속히 뉘우쳤다.

이번에는 죄와 용서를 깊이 살펴보자. 죄는 무엇인가? 범죄에는 몇 가지 구성요소가 있는데, 극단적으로는 하나님께 대항하고 그분의 권위에 도전하는 것을 죄라고 한다.

하나님이 금하셨음에도 내 멋대로 처신하거나, 『이사야』에 기록된 것처럼, '주님이 내 삶을 지배할 수 없으며 내 인생에 '콩 놔라 팥 놔라' 할 수 없다'는 경솔한 언동도 마찬가지인데, 이를 히브리어로는 'פֶּשַׁע, 페샤' 라고 한다. "내가 자식을 양육하였거늘 그들이 나를 거역(פָּשְׁעוּ, 파솨우)하였도다(이사야 1:2)."

또 다른 죄는 하나님께 반항할 의도는 없으나 내면의 유혹을 뿌리치지 못해 저지른 행동을 일컫는다. 주님을 사랑하고 두려워하니 반역할 생각은 추호도 없지만, 물건을 갖고 싶거나 누군가를 죽이고픈 마음을 억제할 수가 없다거나, 절기를 지키기가 어렵다거나 혹은 잘못인 줄 알면서도 세상적인 정욕에 몸을 맡기는 등의 죄를 가리켜 'עָוֹן, 아본' 이라고 한다.

고의나 의도가 없는 죄도 있는데, 이는 부주의해서, 생각이 없어서, 깜빡 잊어서, 그것이 죄인 줄 몰라서 범한 죄를 가리킨다. 이를테면, 습관적으로 살다보니 대속죄일을 미처 지키지 못한 죄가 이에 해당되며 히브리어로는 'חַטָּאת, 하타트(화살이 과녁을 빗나갔다는 데서 유래)' 라고 한다. 하타트는 은연중에 길을 탈선했다는 뜻인데, 그 역시 하나님을 업신여긴 것과 다르지 않다. 하나님의 임재를 의식하는 사람이 습관이나 본능에 몸을 맡길 리는 없을 테니 말이다. 진정한 신앙인은 하나님의 존재와 그의 계명을 망각하지 않는다.

모세가, 금송아지를 만든 이스라엘 백성을 두고 하나님께 용서를 구했을 때 그는 하나님을 가리켜 "נֹשֵׂא עָוֺן וָפֶשַׁע וְחַטָּאָה, 노세이 아본 바페샤 브하타아(출 34:7)" 라고 했다. 이는 앞서 언급한 '세 가지 죄를 참거나 용서하는 분' 이란 뜻이다. 아마도 금송아지를 만든 사건은, 이 세 가지 죄가 전부 해당된 모양이다. 『민수기(13:18)』에서 정탐꾼이 항변한 후에도 같은 구절이 나오나 '하타아' 는 빠졌다.

가인은 그의 죄를 '아본' 이라고 했다. 즉, 하나님의 권위에 도전할 의도는 없었으나 본능과 분노를 다스리지 못해 동생을 죽이고 만 것이다. 현자들에 따르면(산헤드린 37b), 그는 애당초 사람을 어떻게 죽여야 할지 몰랐다고 한다. 세 종류의 죄는 『요마 36b』에서도 논의했다. 그 외에 『피르케이 아보트(3:1)』 등에서 인용한 'עֲבֵירָה, 아베이라' 는 일반적인 죄를 가리킨다. 죄의 본질을 분석한 앞장도 참고하라.

종류를 막론하고 죄는 하나님이 우리를 위해 마련하신 길을 벗어나고 경거망동하며 하나님에게서 등을 돌리며 그 분과 멀어지는 것과 같다. 반면, 회개는 — 히브리어는 'תְּשׁוּבָה, 트슈바' 로 '돌아온다' 는 뜻이다 — 그 길로 돌아오고, 몸을 돌이켜 다시 하나님께 나아가는 것을 일컫는다.

우리는 남의 죄뿐 아니라 자신의 죄를 두고도 낯설지가 않다. 물론 남의 잘못이 더 커 보이긴 하지만 말이다. 그런데 'פֶּשַׁע, 페샤' 로 일컫는 죄(하나님의 권위에 보란 듯이 거역하는 죄)를 짓는 사람은 흔치가 않다. 연약하거나, 유혹을 견디지 못하거나, 부주의하거나, 합리화하거나, 무지하거나, 혈기나 분노 혹은 질투심을 다스리지 못하는 등, 죄의 동기는 다양하다. 인간은 하나님의 계명을 위반하더라도 그분을 믿는데, 이는 "도둑도 하나님께 기도하고 나서 집을 턴다"는 현자의 가르침 — "[집에 잠입하려고 뚫어놓은] 터널 앞에서 그는 하나님께 도와달라고 간청했다(베라호트 63a)." — 에도 잘 드러난다.

그러나 대수롭지 않아 보이는 죄도 하나님과 멀어지는 것이다. 궤도를 수정하고 과오를 지우려면 어떤 죄든, 설령 부지중에 범한 죄라도 이를 후회하고 회개한 뒤 하나님께로 몸을 돌이켜야 한다. 물론 쉬운 일은 아니다. 잘못을 솔직히 인정하고 자백하라. 진심으로 죄를 회개하고 방향을 돌리기로 맹세한다면 죄는 없어질 것이다. 이것이 바로 히브리어 'כִּפּוּר, 키푸르'의 뜻(깨끗이 지운다)이다.

'תְּשׁוּבָה, 트슈바'와 사면의 약속, 그리고 주님께 돌이킬 수 있다는 것은 하나님의 선물이다. 주님은 "죄를 짓는 사람은 누구나 영원히 내게서 멀어질 것이며, 계명을 위반한 자를 위해서는 회개할 길을 예비해두지 않겠노라"고 선포하실 수도 있었다(고속도로에서 '유턴U-Turn' 이 없는 것과 같다). 혹시 그러셨다면 인류는 영원히 추방당한 삶을 살 수밖에 없으며 그분과 화목할 길은 없을 것이다. 그러나 돌이킬 방편을 마련해두셨다는 것은(주님은 회개하는 자를 격려하신다) 회개와 용서 및 화해가 하나님의 계획의 일환이라는 방증이다. 주님은 인간의 연약함을 아시고 경솔한 언동을 참으시며, 우리가 마음을 돌이키기로 결심하면 쌍수를 들고 환영하실 것이다.

그뿐 아니라, 죄는 세상을 둘러싼 하나님의 계획에 흠집을 남기고 이를 왜곡한다는 점도 알 수 있다. 하나님의 계명은 '해야 한다' 는 긍정적인 것과 '하지 말아야 한다' 는 부정적인 것, 두 가지로 나누는데, 긍정적인 계명을 준행하면 우주의 건물을 공유하게 된다. 즉, 하나님이 계획하신 건물에 벽돌을 한 장씩 추가한다는 얘기다. 그러나 '하지 말아야 할' 죄를 저지르면 건물을 파괴하거나 벽돌을 하나씩 제거하게 될 것이다. 따라서 죄는 죄인뿐 아니라 우주에도 악영향을 미치게 마련이다. 후회와 회개만이 벽돌을 제자리에 두고 하나님의 계획을 복원하는 길이다.

그래서 히브리어 '느소'에 '참다'와 '용서하다'라는 두 의미가 있는지도 모르겠다. 일반적으로 하나님이 죄를 용서하신다는 것은 이를 참고 견디며 말끔히 없애주신다는 뜻이다. 그런데 이를 좀 더 깊이 묵상해보면, 죄는 세상을 다른 방향으로 유도하며 인류에게 자유의지를 주신 하나님은 그 고통을 참고 인내하시고 부담을 몸소 감당하신다는 것이다. 앞서 살펴본 바와 같이, '느소'는 가인이 하나님께 절규할 때 했던 말이다(제 죄가 감당할 수 없을 만큼 큰가요?). 모세도 선하신 하나님을 언급하면서 같은 말 —"노세 아본(죄를 참으신다(혹은 용서하신다))"— 을 썼다(출 34:7). 죄를 용서하시는 하나님은 죄의 부담을 친히 담당하시며 이를 죄인의 어깨에 얹지 않으신다. 미가 7:18 —"허물(아본)을 용서하시고(혹은 참으시는) 죄(페샤)를 용서하시는 당신 같으신 신이 누굽니까?"— 와 시편 85:3 —"당신은 백성의 죄를 용서하셨습니다(혹은 참으셨습니다)."— 을 참고할 것.

"제 죄가 감당할 수 없을 만큼 큰가요?"라며 가인이 하나님께 절규한 본문은 다음과 같이 재구성할 수 있다. '죄를 부인하진 않겠습니다. 제가 생명을 빼앗았고 하나님(생명을 주신 분)께 중대한 죄를 범하고 말았습니다. 죄를 자백합니다. 그러나 우주를 창조하신 하나님이 감당할 수 없을 만큼 무거운 것은 없으니, 제 죄도 담당하시고 용서하셔서 새로운 삶을 허락하소서.'

인간은 누구나 어떤 식으로든 죄를 짓는다. 하나님을 반역하는 죄보다는 '자신을 다스리지 못해' 저지르는 것이 태반일 것이다. 대놓고 하나님의 권위에 도전하기보다는 정욕과 유혹을 충족시키고 싶어 그럴 때가 많다는 이야기다.

그러나 죄는 하나님의 계획에 찬물을 끼얹으며, 이를 되돌리는 길은 죄를 깨닫고 하나님 앞에서 이를 자백하여 "같은 죄를 반복하지 않겠다"고 결심하는 것뿐이다. 현인의 가르침에 따르면, 진심어린 회개(תְּשׁוּבָה, 트슈바)는 죄를 깨끗이 지우고, 이를 계명으로 바꾸는 기적을 일으킨다고 한다.

회개는 위력이 막강하며 하나님이 주신 놀라운 선물이다. 그러나 한편으로는 가장 하기 힘든 일이 회개가 아닐까 싶다. '완벽하지 못한 데다 죄를 저지르기 십상' 이라는 사실을 본인과 피해자 및 하나님께 고백하는 것이 쉽지는 않을 것이다.

그런 만큼 회개에는 엄청난 상급이 따르게 마련이다. 현인들은 하나님을 사랑하는 마음으로 죄를 뉘우치면 앞서 저지른 죄는 계명으로 바뀐다고 가르쳤다.

가인이 진심으로 회개했는지("제 죄가 용서할 수 없을 만큼 큽니다") 마지못해 그랬는지는("주님이 감당할 수 없을 만큼 제 죄가 큰가요?") 알 길이 없다. 다만 그는 자신의 죄가 하나님의 심기를 불편하게 했다는 사실을 깨달았고 궁색한 변명을 늘어놓지 않았으며, 죄를 부인하거나 합리화하지 않았다. 그런데 최초의 살인자인 그가 중죄를 저질렀으나 사상 처음으로 죄를 뉘우치고 하나님과의 관계를 회복하고 싶어 했다는 점은 좀 아이러니컬하다.

그렇다면 '가인과 그의 부모(아담과 하와) 중 누구의 죄가 더 클까?' 라는 의문점도 생길 수 있다. 가인은 살인이 하나님을 거역한 죄라는 사실을 알았으나 — '노아의 법Noachide Code' 이라는 근본적인 규범이 아담에게 전수되었기 때문이다(산헤드린 56ff., esp. 59p) — '아무도 죽여선 안 된다' 는 계명을 들은 적은 없다. 하지만 결국에는 규범에 위배되는 중죄를 저지르고 말았다. 반면, 아담과 하와는 죄는 지었지만 사람을 죽이진 않았다. 그러나 그 둘은 열매를 먹어 하나님의 명령을 대놓고 거역했다.

아담과 하와가 하나님의 명령을 거역하지 않았다면 가인은 '살인하지 말라' 는 계명을 위반했을까? 부모의 그릇된 처신으로 아들까지 법을 위반한 것인가? 부모는 유혹을, 아들은 분노를 다스리지 못했는데, 부모가 유혹을 이길 수 있었다면 아들도 분노를 다스릴 수 있었을까?

06

내 뜻을 아브라함에게 숨기겠느냐?

6 내 뜻을 아브라함에게 숨기겠느냐?

"그 사람들이 거기서 일어나 소돔으로 향하고 아브라함은 그들을 전송 하려 함께 나가니라. 여호와께서 이르시되 내가 하려는 것을 아브라함에게 숨기겠느냐?"

— 『창세기(18:16~17)』

자문하시는 하나님:
아브라함에게 숨기겠느냐?

하나님이 자신에게 물으셨다.
"내 뜻을 아브라함에게 숨기겠느냐?(원문은 '내가 하는 것')"

단도직입적이기도 하고 개방적이고, 구어체로 표현된데다 진솔한 뉘앙스도 묻어난다. 때문에 하나님이 물으셨다는 점이 더 신기하기만 하다.

본문은 수사적인 면이 있다. 즉, '내 뜻을 아브라함에게 숨기는 것은 상상도 할 수 없다' 는 뜻으로 해석할 수 있다는 이야기다.

그러나 일반 독자는 이 같은 물음을 이해할 수 없다.

우주를 창조하시고 이글거리는 태양과 차가운 달을 창조하신 하나님은 무한한 은하계를 창조하시고 다스리시며, 생명을 주시며, 만물을 창조하시며, 전지전능하시며, 무소부재하시며, 우주의 본질이신데 "내 뜻을 아브라함에게 숨기겠느냐?" 고 물으시다니 쉽사리 수긍할 수가 없는 것이 당연하다.

인간의 이해력을 벗어난 물음이 아닐까 싶다. 물론 하나님은 당신의 계획을 숨기실 수 있다. 아브라함뿐 아니라 다른 누구에게도 말이다!

사실, 아브라함은 하나님을 인류에 소개한 위대한 혁명

가로, 하나님의 자비를 보여주었을 뿐 아니라, 평생을 하나님과 인류에 헌신한 인물이다. 그러나 아브라함은 제 말마따나 '먼지와 재' 에 불과한 인간으로 얼마 후면 이 세상에는 존재하지 않는다. 그러니 하나님께서 그렇게 물으셨다는 것은 가당치가 않다.

아브라함에겐 뭔가 특별한 것이 있다!

그렇다면 하나님이 '아브라함과 상의해야 한다' 는 생각을 갖게 된 경위는 무엇일까?

아브라함과 하나님의 특별한 관계는 '신정설theodicy' 이라는 문맥에서 자주 강조되고 있다. 성경의 위인들은 의인이 고난을 당하고 악인이 복을 누리는 까닭에 관심이 많았다. 예컨대, 모세는 주님의 섭리를 해명하고(출 33:13) "주님의 영광을 보이소서(출 33:18)" 라며 당신의 본질을 보여 달라고 간구했다. 현인들에 따르면, 본문은 의인이 고난을 당하는 까닭을 알려달라는 간청이었다고 한다(버라호트 7a, 얄쿠트 쉬모니 395). 그러자 하나님은 인간의 이해력으로는 당신의 섭리를 이해할 수 없다고 대답하셨다. "나를 보고 살 자는 아무도 없다(출 33:20)." 모세의 경우를 따져보자. 그는 위대한 선지자인 데다 주님의 집에서 가장 신실하여 친구를 대하듯 하나님과 대면할 수 있었다(출 33:11). 그러나 아무리 위대하고 하나님의 사랑을 받는다손 치더라도 하나님은 얼굴이 아니라(본질) 등만 보이셨다(본서 마지막 장에서도 거론했다).

모세의 청은 거절된 셈이다. 그도 그럴 것이, 유한한 인간이 무한하신 하나님의 섭리를 이해한다는 것은 어불성설이기 때문이다. 따라서 거절을 당했어도 모세의 마음에 상처가 남지는 않았으리라.

고난의 화신으로 꼽히는 욥은 어떤가? 하나님은 그를 "나의종 욥을 주의하여 보았느냐? 그와같이 온전하고 정직하여 하나님을 경외하며 악에서 떠난 자는 세상에 없느니라!"(욥 1:8)이라고 호평했다(욥기 1장 1절을 반복했다). 그러나 욥은 재앙이 닥친 후, 하나님을 신실하게 섬겼는데도 고난을 당하게 된 까닭을 알고 싶어 했다. 이에 하나님은 회오리 가운데서 그를 책망하며 물으셨다.

내가 땅의 기초를 놓을 때에 너는 어디 있었느냐 ……?
누가 그것의 도량법을 정하였느냐 ……?
바다 밑을 돌아다닌 일이 있느냐 ……?
하늘에 두루 펴진 일이 있느냐?

본문(욥기 36장)은 하나님의 위력을 서술한 대목인데, 여기서 욥이 깨달은 점은, 모세가 자신의 간청에 하나님이 해명하신 점에서 알게 된 요지와 같다. 즉, 유한한 인간이 무한하고 영원한 하나님을 의식하는 데는 한계가 있다는 것이다. 인간의 생각은 하나님의 진리와 이유와 섭리를 담을 수가 없으므로, 모세와 욥은 "나의 생각은 네 생각이 아니며, 네 길도 내 길은 아니라(사 55:8)"는 점을 깨달았다.

한편, 아브라함의 질문도 그와 별반 차이가 없었는데 하나님의 반응은 어땠는가?

『창세기(18장)』에서 그는 소돔 사람을 위해 중재를 자처하며 "주께서 의인을 악인과 함께 멸하시는 것은 정의롭지 못합니다. 세상의 심판자가 정의를 행해야 하지 않습니까?(18:25)"라고 항변했다.

여기서 아브라함은 하나님의 섭리의 본질에 접근하려 했으나 하나님은『출애굽기(33장)』에서 모세가 바위틈에 올라 하나님의 등을 보았을 때와는 달리, 그를 가르치지 않으셨다. 주님은 아브라함에게는 얼굴은커녕(얼굴은 본질을 상징하며 인간은 볼 수가 없다) '뒤통수'도 보이지 않으셨다. 욥에게는 뻔뻔한 듯 보이는 태도를 두고 "별과 행성, 바다와 산을 어떻게 만들었는지 아느냐?"고 반문하셨으나, 아브라함은 정중히 협상테이블에 앉히셨다. (7장에서 '협상'을 좀 더 구체적으로 살펴보았다)

아브라함은 다른 사람은 하지 않을 말도 창조주 하나님께 아뢰었다. 그는 왕실에서 무엇이든 할 수 있는 심복으로서, 왕을 귀찮게 하거나 그 앞에서 허세를 부리기도 한 탓에 평민이었다면 아마도 목이 달아났을 것이다. 아브라함은 창조주의 통치 질서에도 이의를 제기할 수 있었다. 하나님의 충직한 종인 모세나 욥도 그렇게는 못했다. 미드라쉬에 따르면, 아브라함과 욥은 부당해 보이는 처사를 두고 주님을 추궁했으나 "아브라함은 보상을 받고 욥은 심판을 받았나"고 한다(창세기 라바 49:9). 『이사야(41:8)』과 『역대하(20:7)』에서 각각 "내(하나님)가 사랑하는 아브라함"과 "당신(하나님)이 사랑하시는 아브라함"이라고 기록된 것도 어찌 보면 당연한 일이다. 또한 『피르케이 아보트』에서 랍비 엘리에제르는 『창세기(18:17)』을 주해한 라쉬의 말을 인용하며 아브라함을 다시금 '내(하나님)가 사랑하는 자'라고 칭송했다.

한편, 욥을 거론한 『얄쿠트 쉬모니 927』은 풀이하기가 난해한 『욥기(41:1)』에 근거하여 다음과 같은 글을 기록했다.

> 거룩하시고 복의 근원이신 하나님이 말씀하시기를 "인류는, '아브라함처럼 우리도 하나님께 말해도 주님은 잠잠하

> 실 것' 이라고 이야기해서는 안 된다." 또한 하나님은 "그[욥]를 두고는 잠자코 있지 않겠으나 아브라함에게는 그럴 것이다. 아브라함은 내 앞에서 잠잠했기 때문" 이라고 말씀하셨다. "그는 아들[이삭]을 제물로 바치라는 명령을 묵묵히 따랐으니 설령 아브라함이 거친 언사를 쏘아붙여도[창 18:23] 그에게는 입을 다물 것이다." 아브라함은 "의인을 악인과 함께 멸하실 작정이십니까?" 라고 물으면서, 우상숭배자들의 입에서 "자자손손을 무참히 죽이는 것이 하나님의 관행이요. 에노스 세대와 홍수 세대 및 디아스포라 세대 역시 그랬다" 는 망언이 나와서는 안 된다고 역설했다.

아브라함은 왕이 사역을 미리 귀띔해줄 정도로 총애를 받는 자였다. 하나님은 그에게 당신의 뜻을 자주 일러주었을 것으로 보인다. 그런데 따지고 보면, 선지자는 바로 그런 사람을 두고 하는 말이나, 하나님이 '의도를 숨기실 수가 없다' 고 선포한 기록은 다른 책에서는 발견되지 않는다. 하나님은 아브라함의 사례에서만 뜻을 분명히 밝히셨다.

이건 본문과는 동떨어진 여담이지만, 고전 문헌에서 아브라함과 욥을 연결시켰다는 점도 주목해볼만하다. 예컨대, 아브라함은 할례를 행하고 나서 '타밈/완전한/온전한 tamim' 사람이 되었고 욥은 1장 1절에서 '탐tam' 이라고 소개되고 있다는 점에서 두 위인을 기술할 때 사용된 말이 같았다는 것이다(노아와 야곱을 두고도 같은 단어를 썼다). 랍비 전승에 따르면, 사탄은 『욥기』 1장에서 하나님 앞에 찾아와 욥을 아브라함에 빗댔고(라쉬의 욥기 1:7 주석), 모리아 땅에서는 이삭을 번제로 바치는 아브라함에게 나타나 하나님의 계명을 이행하지 말라고 꼬드겼다고 한다(산헤드린 89b). 또한 『아보트 랍비 나산(7:1)』에서 하나님께서 욥을 책망하신 점을 두고 주님은, "너는 선하긴 하나 아브라함처럼 부랑자에게 음식을 주기 위해 궁전을 세우지 않았고 의롭긴 하나 집안에만 틀어박혀있었다"라고 하셨다고 꼬집었다. 즉, 아브라함은 의를 몸소 실천한 반면, 욥은 소극적으로 의로웠다는 이야기다. 그뿐 아니라, 각자가 하나님의 공의를 두고 고민에 빠졌을 때도 큰 차이가 있었다고 한다. 이를테면, 욥은 자신의 고난 때문에 하나님께 이의를 제기했으나, 아브라함은 자신이 아니라 일면식도 없었던 소돔 주민을 위해 그랬다는 것이다. 게다가 하나님이 독자 이삭을 바치라고 명령했을 때(겉보기에는 이스라엘 민족에 대한 언약과는 완전히 다른 것으로 보인다) 아브라함은 주님의 공의를 두고 일언반구 말이 없었고, 모세는 전혀 모르는 족속이 아니라 자신을 따르던 이스라엘 민족을 위해 중재자를 자처했다. [아브라함과 욥의 연결 관계를 좀 더 연구하고 싶다면 아트 스크롤이 출간한 『랍비 모세 아이스만R. Moshe Eisemann 욥기 주석』 p. 370을 참고하라]

사랑받는 자

어찌 보면, 아브라함은 피상적으로 아는 것(첫 유대인이고, 우상을 타파했으며 일신론을 세상에 도입하였을 뿐 아니라, 하나님을 위해서라면 무엇이든 희생할 각오가 되어있는 사람)이 전부인 탓에 하나님과의 유대감이 돈독했던 그의 본질은 간과하기가 쉽다. 그렇다면 하나님의 총애를 받는 자가 될 수 있었던, 아브라함만의 매력은 무엇일까?

물론 쉽사리 답변을 내놓을 수는 없을 것이다. 하나님의 사역을 둘러싼 이유를 이해하려면 사색과 짐작 및 추측을 한 데 모아, 이를 조심스레 휘저은 뒤 그럴 듯한 답이 나올 수 있도록 기도하는 수밖에는 없다.

아브라함의 본질은 그가 모세와 대등하게 놓일 때 드러난다. 성경에는 전도유망한 인물 둘이 나오는데, 첫째는 위대한 혁명가revolutionary로, 이스라엘 백성의 선구자로서 하나님을 세상에 소개했고, 둘째는 위대한 선지자prophet 겸 지도자로 이스라엘 민족의 형태를 갖추게 하는 데 평생을 바친 인물이다. 이들은 유대교의 입구에 세워둔 두 개의 거상이므로 둘 중 어느 하나가 없다면 유대인도, 성경도, 가나안도, 세상에서 하나님의 말씀을 품은 자도 존재하지 않을 것이다. 사실, 하나님과의 관계를 두고 주제넘게 "이 사람이 저 사람보다 더 각별하다"고 말할 수 있는(언성을 낮추더라도) 사람이 누구랴?

그러나 성경을 읽다보면 그 같은 문제가 확연히 드러난

다. 예컨대, 아브라함은 모세보다 하나님과의 관계가 더 돈독했다. 모세는 위대한 스승(모쉐 라베이누)으로 거룩하게 사는 법을 전 인류에게 가르쳤고, 가장 위대한 선지자로서 친구와 대화하듯 하나님과(출 33:11) 이야기를 나누었다. 구약성경에서 절정을 이루는 대목이 바로 그를 찬사하는 글이다.

> "이스라엘에 모세와 같은 선지자가 일어나지 못하였나니 모세는 여호와께서 대면하여 아시던 자요(신 34:10)."

그럼에도 하나님을 세상에 처음 소개한 사람은 모세가 아니라 아브라함이었다. 그는 어떤 의미에서 주님을 발견한 사람이기도 했다(창세기 라바 39:1, 64:4). 이를 두고 잠언 미드라쉬(110편)는 다음과 같이 밝혔다.

> 열국은 잠에 취했고 하나님의 날개 아래 있지 않았다. 하나님의 날개 아래서 안식할 수 있도록 이를 깨운 자, 누구인가? 바로 아브라함이다……. 아브라함이 열국을 깨웠고,

> 그러기 전까지는 의로움도 잠에 빠져 있었다. 어찌 그럴 수 있단 말인가? 그는 부랑자를 환영하고 맞아들이며 거처와 음식을 제공하기 위해 사방이 트인 숙소inn를 마련했다 [유일하신 창조주를 가르치기도 했다].

탈무드『버라호트(7b)』"하나님께서 세상을 창조하신 날 이후 아브라함이『창세기(15:8)』에서 그를 'אֲדוֹן, 주인' 이라고 부르기 전에는 누구도 창조주를 그렇게 부르지 않았다"는 말과도 일맥상통하는 기록이다. 마이마너디는『우상의 법Laws of Idolatry』에서 아브라함이 이 가르침을 전파하기 위해 세계 전역을 다닌 경위를 생생히 기술했다(소타 10a~b 참고). 아브라함은 인류에 유일신 신앙을 전파한 이후 오늘날까지 '개종자의 아버지' 로 알려졌으며, 유대교에 입교한 사람은 히브리식 이름을 받는데 그와 상관없이 '벤 아브라함 아비누(우리의 아버지 아브라함의 아들)' 인 셈이다.

하나님과 아브라함의 관계는 매우 돈독했다. 그래서 하나님의 비전은 아브라함의 것과 같은 데다 주님의 섭리도 일치한 탓에 그는 시내산에서 계명이 전수되기 훨씬 전부터 이를 예측하여 준행할 수 있었다(키두신 및 요마 28b 참고). 결코 이상한 개념이 아니다. 각 계명에는 하나님과 인간을 둘러싼, 심오하고 오묘한 진리가 담겨있다. 아브라함의 정신은 창조주와 일치한 까닭에 계명에 이식된 영원한 진리를 스스로 이해할 수 있었던 것이다. 즉, 그의 본질은 하나님의 본질과 완벽히 조화를 이루었다는 이야기다. 한편, 랍비 므나헴 하메이리(프로방스Provence, 1249~1336)는 『아보트 입문Introduction to Avot』에서 그와는 다른 관점을 제시했다.

물론 하나님과 아브라함은 '주종관계'라야 옳다. 하나님이 아브라함을 창조하셨고 아브라함은 하나님을 추종했다. 그러나 따지고 보면, 하나님은 아브라함을 세상 가운데 존재토록 하셨고 아브라함 역시 하나님을 세상 가운데 존재토록 했다고 해도 과언이 아닐 것이다. '하나님이 유일신' 이라는 진리에 대한 의식과 지식을 인류의 의식에 투여한 사람이 바로 아브라함이기 때문이다. 분명 영원하신 하나님은 아브라함이 없어도 존재하시지만 그가 없었다면 하나님은 경배할 사람이 없는 막연한 신a God일 뿐 아니라, 인류는 깨닫거나 알지도 못하는 창조주로 전락할 것이다. 이는 랍비 바히야 벤 아쉐르Bachya ben Asher(13세기)가 『카드 하케마흐Kad Hakemach』에서 "누구도 백성이 없이는 왕이 될 수 없다"고 역설한 바와 일맥상통한다. 하나님은 아브라함 '덕택에' 인류를 위해 존재하게 된 것이다. 아브라함은 하나님의 개척자요, 선구자였다.

하나님을 발견했다는 개념을 가볍게 넘겨서는 안 된다. 아브라함이 하나님을 발견하여 인류의 구속사가 가동되었기 때문이다. 구약성경과, 역사에 임재하시는 하나님의 목적은 신과 인간의 사이를 잇는 것인데, 아브라함은 하나님을 세상에 소개함으로써 교량에 가장 중요한 첫 판자를 댄 셈이다. 그것이 확고히 자리를 잡은 후라야 다른 것을 대어 다리를 완성할 수 있는 법이다. 또한 이스라엘 민족과 인류를 구원하시기 위해 메시야가 오신다면 아브라함이 세우기 시작했던 교량은 비로소 완공될 것이다.

역설적으로 들릴지는 모르지만, 메시야의 기원은 소돔에서 시작된다. 메시야는 다윗 왕의 계보를 잇는데, 다윗의 고조모는 룻(룻 4:21~22)이다. 룻은 모압 지방 출신이고 모압의 친모는 다름 아닌 롯(Lot, 아브라함의 조카)의 딸이었다. 그녀는 소돔을 빠져나온 후 아버지와 동침하여 모압을 낳았다(창 19:30~37). 그런데 공교롭게도 하나님이 아브라함에게 숨기지 않으신 계획은 소돔 성을 파괴하겠다는 것이었다. 이 일화에서 메시야의 명암이 드리운다는 것이 독자의 흥미를 자극하지만 구체적인 이야기는 다음으로 미뤄야 할 듯싶다. 아브라함은 구속사의 시작뿐 아니라 메시야의 구원이 절정에 이르렀을 때도 분명히 존재할 것이다.

아브라함은 신인관계의 예표로서 할례의 언약을 받았는데, 이는 육신으로 영적인 대상을 섬긴다는 점을 보여주며 육적인 인간과 영적인 하나님의 관계를 상징한다. 그는 육신을 입은 몸으로 하나님의 언약을 성취하기 위해 선구자를 자처했다. 즉, 하늘과 땅을 연결하는 여정에 첫 발을 내디딘 것이다.

하나님의 자문을 둘러싼 말빔(랍비 마이어 말빔, 동유럽, 1809~1879)은 아브라함이 개척가의 역할을 감당할 거라는 점을 넌지시 내비쳤다고 해석했다.

> "아브라함은 하나님의 현혀이 강림하시는 통로(צִנּוֹר, 찌노르)가 되었다. 아브라함이 없다면 …… 세상사the affairs of the world는 하나님의 섭리가 아닌 자연의 변덕에 맡겨졌을 것이다. 아브라함은 하나님의 현현(שְׁכִינָה, 쉐히나)을 세상에까지 인도했다. 이를 처음 행한 사람이 아브라함이었다."

하나님과 아브라함의 관계가 돈독한 이유가 바로 그 때문이었을지도 모른다. 아브라함에게 뜻을 밝히는 것이 당연하다고 말씀하실 때 불멸의 존재인 주님이 덧없고 유한한 인생을 두고 느낀 애정은 무엇과도 비교할 수 없을 만큼 깊었다. 아브라함에게는 하나님을 세상에 인도하고, 그를 인류에 소개하며, 구원 사역을 개시할 담력이 있었던 것이다.

그렇다면 인간의 의식이 하나님께 필요한가? 그렇다, 하나님은 홀로 구별되시고 유일무이하신 분이지만(한분(אֶחָד)이신 하나님의 진의가 바로 그것이다) 세상에 알려지기를 몹시 바라신다. 모세에게 하나님의 일면을 보여주시려 할 때 "내가 내 모든 선한 것을 네 앞으로 지나가게 할 것……(출 33:19과 렘 31:13, 시 31:20도 아울러 참고)"이라고 말씀하지 않으셨는가? 선을 구성하는 요소는 격리될 수 없으며 의당 두루 전파되어야 마땅하다. 하나님을 의식하는 사람이 없다면 선의가 그에게 닿거나 이를 수가 없기 때문이다. 하나님의 임재를 시인해야만 (인간 사역의 본질이 되어야만 가능하다) 주님의 선이 세상에 분명히 드러날 수 있다. 그제야 인간은 영혼이 갈급해하는 목표(창조주와의 친밀한 교제에서 비롯되는 영적인 만족과 내면의 조화)를 성취할 가능성이 생기는 것이다.

그러나 인간이 하나님의 임재를 의식하지 못한다면 주님의 선은, 굳이 비유하자면, 천상의 울타리나 호리병에 갇혀 바깥세상으로까지 발산할 수가 없다. 즉, 하나님의 선은 인간이 주님의 임재를 의식할 때만이 세상에 진입할 수 있다는 이야기다. 아담 이후 하나님은 신인관계의 회복을 위해 사람을 하나님께, 하나님을 사람에게 이끌 자를 기다리셨다. 아담의 계보에 든 위인(에녹, 노아, 셈, 에벨) 중에는 인격이 완전하다거나, 이 같은 혁명을 일으킬 만큼 영육이 뒷받침된 사람은 없었다. 아브라함이 출현하기 전에는 그랬다. 그만이 천상에 국한 되었던, 하나님의 거룩함과 선을 온 세상에 전파할 수 있는 영성을 가졌다(미드라쉬 라바 창세기 49:2 참고).

하나님은 아브라함이라면 당신을 세상에 인도할 수 있으리라 인정하셨다. 몇몇 랍비들은 이를 『시편(110:1)』— "여호와께서 내 주(לַאדֹנִי, 라 아도니)에게 말씀하시기를 내가 네 원수들로 네 발판이 되게 하기까지 너는 내 오른쪽에 앉아 있으라 하셨도다." — 에서 찾을 수 있다고 한다. 이에 근거하여 라쉬는(좀 충격적인 해석이긴 하나) "내 주"가 다름 아닌 '아브라함' 이라고 기술하기도 했다. "『창세기(23:5)』에서 헷 족속이 아브라함에게 "내 주여 들으소서"라고 말했듯이, 하나님은 열국이 '나의 주' 라고 부르는 아브라함에게 말씀하신 것이다." 라쉬를 비롯한 일부 랍비들의 해석이 없었다면 하나님이 아브라함을 주인(אָדוֹן, 아돈)이라고 암시했다는 점은 감히 꺼낼 수가 없었으리라. 결국 하늘에 주인이 있듯이 이 땅에도 주인이 있는데 그가 바로 아브라함인 셈이다. 이처럼 하나님이 그를 인정하신 대목은 『미드라쉬 라바 39:17(창세기 12:2)』에서도 찾을 수 있다. 본문에 따르면, 하나님은 기도문에서 아브라함의 이름이 주님의 것보다 앞에 두는 것을 허락하셨다는데, 이는 "내 세상에서 나는 하나요, 아브라함도 그의 세상에서는 하나다 ……(페사힘 118a)" 에서도 잘 나타나는 사상이다.

"거기에 제단을 쌓고 그 이름을 '엘 엘로헤 이스라엘' 이라 불렀더라(창 33:20)" 는 구절은 야곱이 제단을 그렇게 불렀다는 뜻이나 탈무드(메길라 18a 및 미드라쉬 라바 79:9)는 이를 '그리고 그분[하나님]은 그[야곱]를 엘이라 불렀다' 고 해석했다. 엘은 전능자the Omnipotent One의 또 다른 이름이다. 그러나 같은 미드라쉬에 따르면, 야곱은 하나님께 "당신은 높은 곳의 주님이시고, 나는 낮은 곳의 주인입니다" 라고 고

백했다가 결국 딸 디나가 성폭행을 당했다고 한다(디나의 사건이 곧바로 이어진다). 그는 무례한 언사로 대가를 치른 것이다. 이처럼 하나님과 야곱의 위대성을 두고 기록이 서로 다른 탓에 주석가들 사이에서도 의견이 분분했다. 나흐마니디는 이를 "심오한 미스터리a profound mystery"라고 경고했다.

다른 편에 서다

아브라함은 하나님의 선구자일 뿐 아니라, 하나님을 위해 자신의 미래와 신념을 기꺼이 포기한 사람이기도 했다. 사랑하는 독자 이삭을 제물로 바치라는 명령을 순종할 때 그는 아들과, 자신의 미래를 비롯하여, 그가 신뢰할 뿐 아니라, "이삭에게서 나는 자라야 네 씨라 부를 것(창 21:12)"이라고 말씀하신 하나님의 약속과, 『창세기(12:7)』과 15:18 및 17:19에서 "땅이 그의 후손에게 돌아갈 것"이라 맹세하시고, 17:21에서는 이삭과의 언약을 세우시겠다고 안심시키신 주님을 믿었다. 사실 그는 모든 것(아들뿐 아니라 아들이 앞으로 성취할 모든 것까지도)을 바칠 각오가 되어 있었다는 이야기다. 모순 같지만, 아브라함은 얼핏 보기에는 하나님의 약속이 파기될 듯싶었음에도 이를 굳게 믿었다.

앞서 언급했듯이, 그는 "주님이 나를 죽여도 나는 당신을 신뢰할 것입니다(욥 13:15)"라고 고백한 욥과도 비슷했다. 하지만 믿음의 원조는 단연 아브라함이었다. 유대 역사 가운데 하나님께 전부를 바친 이가 여럿 있지만 첫째는 아브라함이었다는 이야기다. 여기서 '첫째'란 시간과 영성의 개념을 두루 아우르는 말로, 유대인 공동체에서 아브라함은 하나님께 바친 제물이라는 점을 영원히 각인시킨 사람이었다. 일곱 아들이 우상 앞에 절하는 것을 허락지 않고 그들을 포기할 수 있었던 한나의 믿음도(기틴 57b와 마카베오하 7장) 오래 전 이삭을 바치려 했던 아브라함 덕에 가능했었다. 수많은 유대인 순교자들의 강철 같은 신앙 또한 아브라함이 세운 패러다임의 공로가 크게 작용했다고 봐야 한다. 볼로진의 랍비 하임(1749~1821)은 『아보트(5:4)』를 풀이한 『루아흐 하임Ruach Chaim』에서 "유대인이 가나안 땅에 애정을 품게 된 것은 아브라함이 '전부를 버려두고 가나안 땅으로 떠나라'는, 주님의 부르심에 순종한 데서 비롯된 것이며, 종교적인 순교는 그가 아들을 바치겠다는 의지에서 그 기원을 찾을 수 있다.

물론 세파와 투쟁하고, 주변 문화의 유혹에도 하나님과의 특별한 관계를 굳게 지킨 사람들이 많이 있었으나 아브라함이 그 길을 개척했고 향후 그들이 유대인의 영웅으로 살 수 있었던 계기 역시 그가 마련한 것이다. 때문에 성경은 아브라함을 '히브리(다른 편에서 건너왔다) 사람'이라고 기록했다(창 14:13). 지리적으로는 강을 건넜다는 뜻이나, 영적으로는 세상이 강을 기준으로 왼편에 있다면 아브라함은 오른편에 있었다는 이야기다. 그는 유대인의 모델로서 하나님의 사랑을 받았다.

아브라함이 특별한 이유는 여기서 그치지 않는다. 그의 뒤를 이은 성경인물들과는 달리, 아브라함은 부친이 우상숭배자인 탓에 유대인이 되기 위해 사회·가족적인 배경을 거부해야 했다. 우상타파의 원조라고 해두자. 『창세기』

12장에서 하나님은 아브라함에게 "너의 고향과 친척과 아버지의 집을 떠나 ……"라고 말씀하셨다. 가족을 비롯하여 모든 것을 뒤로 하고 주님이 보여줄 미지의 목적지로 출발하라는 것이다. 『욥기(14:4)』를 해석한 『얄쿠트 쉬모니』에는 "부정한 것을 정한 것으로 만들 자가 누구랴? 하나님 한분뿐이다"라는 대목이 있는데 여기서 '정한 것'은 우상을 숭배하던 데라에게서 독립한 '아브라함'을 일컫는다. 하나님의 위대한 종 가운데, 창조주를 섬기기 위해 과거를 청산한 사람은 아브라함뿐이었다. 게다가 열 가지 시험을 견딘 사람 역시 그 뿐이었다(피르케이 아보트 5:3).

『아모스(3:7)』— "주 여호와께서는 자기의 비밀을 그 종 선지자들에게 보이지 아니하시고는 결코 행하심이 없으시리라" — 를 보면 선지자의 의미를 조금이나마 엿볼 수 있는데, 이는 다윗이 『시편(25:14)』에서 "여호와의 친밀하심이 그를 경외하는 자들에게 있음이여"라고 선언한 점과 유사하다. 그뿐 아니라 솔로몬도 『잠언(3:32)』에서 "정직한 자에게는 그의 교통하심이 있으며 ……"라고 밝혔다.

이를 종합해볼 때 개인적인 생각을 몇 자 적는다.

하나님을 발견한 아브라함은 우상을 과감히 타파하고 하나님의 섭리와 온전히 조화를 이룬 선조가 되었다. 또한 이교도의 세상을 등지고 그 반대편에서 온 자로서, 그는 홀로 한분이신 하나님을 대변하며 하나님과 인류를 잇는 통로가 되었다. 그뿐 아니라 영과 육을 연결하는 교량을 세웠으며 하나님을 따르기 위해 모든 것을 버려두고 미지의 목적지를 향해 떠났다. 그는 이 같은 성품을 유대인의 정신에 영원히 새겼다. 하나님이 하늘에서 한분이듯 이 세상에서는 그도 하나며 하나님을 믿는 자의 영적인 아버지가 되었다. 그런 의미에서 아브라함은 하나님과 각별한 관계인 동시에, 영적인 의미에서는 하나님과 뜻이 맞는 '동역자'라고 봐도 무리는 없을 듯싶다. 하나님과 협상할 땐 거룩한 법정Divine Court의 정회원처럼 보이기도 했으니 어쩌면 하나님도 이를 부정하진 않으실 것 같다. 사실, 주님은 아브라함과의 친밀한 관계를 일컬어 "내가 그를 알고 지냈기 때문에(כִּי יְדַעְתִּיו, 키 예다티브, 창 18:19)"라고 말씀하셨다. 라쉬는 이를 '애정을 표현한 말a term of affection(לְשׁוֹן חִבָּה, 라숀 히바)'로 풀이했다. 즉, 'knowledge안다는 것(דַּעַת, 다아트)'은 가장 친한 관계를 기술할 때 쓰는 말이라는 것이다. (『신명기(34:10)』에서도 같은 단어가 사용되었다 — "모세는 여호와께서 대면하여 아시던 자요") 『시편(110:1)』 — "여호와께서 내 주에게 말씀하시기를 …… 너는 내 오른쪽에 앉아 있으라" — 을 풀이한 『미드라쉬 얄쿠트 쉬모니 869』는 놀랍게도 "거룩하신 하나님께서는 종말이 오면 메시아는 그의 오른편에, 아브라함은 왼편에 앉히실 것"이라고 기록했다.

"내가 하려는 것을 아브라함에게 숨기겠느냐?" 물론 그러시진 않을 것이다. 동역자와 동료는 정보를 서로 감추지 않기 때문이다.

하나님의 동역자

'하나님의 동역자partner'는 랍비 문헌에서 빈출 정도가 그다지 높진 않다. 또한 '창조 당시 거룩하신 하나님과 동역하듯' 이란 글귀에서 '동역' 은 앞서 개괄적으로 언급한 것처럼 그렇게 장엄한 말은 아니다. 거룩의 근본 규범grund-norm을 비롯하여, 진리와 자제self-control 및 창조주 하나님을 믿겠다는, 불변의 신앙에 '들러붙은adhere' 사람을 높이는 데 사용되었다. 창조사역의 동역자를 일컫는 표현은 다음과 같다.

- "판단의 진리에 따라 심판하는 자 ……(샤바트 10a)"
- "저주를 듣고 항변할 수는 있으나 침묵하는 자 ……(미드라쉬 시편 86)"
- "안식일 전 날 기도하고 바여훌루(וַיְכֻלּוּ, 다 이루어지니라)를 암송하는 자 ……(창세기 2:1~3)"
- "여섯째 날, 천지와 이를 주관하는 자가 다 이루어지니라 ……(미드라쉬 세헬 토브, 출 16)"

이들은 하나님께서 창조 계획을 실행하시는 데 도움이 되었다는 점에서 창조사역의 동역자다.

그러나 '마치 ~인 듯' 이 딸린다는 점에서 이는 상징적인 타이틀이라야 옳을 것이다. 또한 금요일 저녁에 기도문을 낭독했다고 해서 동역자로서 아브라함과 동등한 자격을 얻는 것은 아니다. 세상을 주관하시는 하나님의 동역자 역할은 숭고한 성경인물 중에서도 극소수에게만 부여되었기 때문이다.

그들은 위대한 기업의 파트너처럼 처신했다. 이를테면, 기업이 성공하는 데 관심이 있었고 하나님의 계획이 실현되어 주님의 명성이 온 땅에 전파되기를 바랐다. 그뿐 아니라, 인류가 하나님을 모독하는 것을 원치 않았으며 진정한 동역자와 동료처럼 전능자의 보호아래 보금자리를 두었다. 하나님과는 스스럼없이 대화를 나누었으며 주님의 이름이 훼손될지 모를 일을 두고는 질문하기를 주저하지 않았다.

따라서 탈무드(버라호트 31b)는 하늘을 우러러 담대하게 이야기할 줄 아는(원문은 '하늘을 향해 말을 던진다' 고 표현) 성경인물

(사무엘 선지자의 모친 한나와 엘리야 및 모세)을 열거했다. 예컨대, 『버라호트(32a)』에 따르면, 모세는 하나님의 옷자락을 부여잡고는 이를 놔주지 않았다고 한다.

> 하나님께서는 모세에게 "그런즉 내가 하는 대로 두라 ……(출 32:10)"고 말씀하셨다. 이를 기록하지 않았다면 다음과 같은 해석은 가당치 않았으리라. 즉, 본문은 모세가 친구의 옷자락을 잡듯, 거룩하신 하나님을 잡고 주님께 "우주를 통치하시는 주님이시여, [이스라엘을] 용서하시기 전에는 당신을 놓지 않겠나이다"라고 호소했다는 것이다.

이처럼 모세의 입장이 단호하다면 하나님은 당신의 뜻을 보류하실 것이다. 때문에 하나님께서는 "내가 하는 대로 두라"고 말씀하신 것이다. 즉, 바꾸어 말하면, "나를 놓기 전에는(네가 반대한다면) 내 뜻을 행할 수가 없다"는 이야기다. 따라서 모세는 하나님의 진정한 동역자였다. (모세의 반대에 뜻을 굽히시는 하나님 또한 독자의 상상력을 자극한다. "나를 내버려 두라"는 평서문은 "내가 하려는 것을 숨기겠느냐?"는 의문문과 대구를 이룬다).

랍비들은 모세가 이스라엘을 위해 기도할 때(출 32:11) "이스라엘을 진멸하신다면 거룩하신 하나님의 명성이 실추될 것(버라호트 32a)"이라고 외쳤다고 한다. (아브라함 역시 창세기 18:25에서 소돔을 두고 같은 말을 사용했다) 모세는 세상에서 하나님의 명예에 관심이 많았다는 이야기다. "어찌하여 애굽 사람들이 이르기를 '여호와가 자기의 백성을 산에서 죽이고 지면에서 진멸하려는 악한 의도로 인도해 내었다' 고 말하게 하시려 하나이까. 주의 맹렬한 노를 그치시고 뜻을 돌이키사 주의 백성에게 이 화를 내리지 마옵소서(출 32:12)." 『시편(115:2)』의 기록도 이와 맥락이 같다. "어찌하여 뭇 나라가 '그들의 하나님이 이제 어디 있느냐' 말하게 하리이까?" 한편, 같은 탈무드(버라호트) 기록에는 하나님이 고마워하는 대목도 있다. "네 말이 나를 다시 살렸다(즉, 명예를 보존했다는 뜻)."

그런데 동역자라는 의식이 아브라함에게만 국한된 것이 아닌데 왜 주님은 그에게 각별한 애정을 품으셨고, 성경에 등장하는 위인도 많은데 하필 그에게만 당신의 뜻을 숨기지 않으셨을까? 왜 모세에게는 안 그러셨을까?

앞서 윤곽을 그렸던 개념(아브라함은 개척자였다)에 답의 실마리가 있을지도 모른다. 즉, 역사의 패러다임을 확립하는 개척자나 선구자는 오직 하나라야 마땅하며, 그의 후손과 하나님의 관계가 그토록 돈독했더라도 원조는 단 한 명뿐이라는 것이다. 바로 그가 전능자의 총애를 받는 동역자다.

무한한 가능성

결국, 하나님이 스스로 던진 의문을 둘러싼 물음에는 분명한 정답이 없다. 하나님의 심중은 간파할 수가 없으니 말이다. 하나님과 동역한 적도 없고, 회오리바람은커녕 티끌조차도 창조한 일이 없는 우리는 그저 추측할 뿐이다. 답에 접근하는 법을 허락해 주십사고 기도하는 수밖에는 없다.

그러나 아브라함이 하나님의 사랑을 받은 경위를 떠나, 하나님의 의문을 미루어 유추해볼 수 있는 사실이 있다면 인간도 하나님과 가까워질 수 있다는 것이다. 그 가능성은 무한하다. 먼지와 재에 불과한 데다, 나약하기 짝이 없고 수천가지나 되는, 육신의 질고를 겪어야 하는 인간이지만 하나님의 권능을 내면에 품는다면 창조주의 소중한 동역자로 부상할 수 있다(그러려면 하나님의 섭리에 순종하고 진지한 자아성찰과 뜨거운 기도가 동반되어야 한다). 낮은 땅의 티끌로 창조되었으나 땅의 기질을 거룩함의 수단으로 바꾸는 선물을 받은 피조물은 인간뿐이다. 그러면 『시편(8편)』에 기록된 다윗 왕의 심정을 느껴보자.

> …… 주의 손가락으로 만드신 주의 하늘과 주께서 베풀어 두신 달과 별들을 내가 보오니, 사람이 무엇이기에 주께서 그를 생각하시며 인자가 무엇이기에 주께서 그를 돌보시나이까? 그를 하나님보다 조금 못하게 하시고 영화와 존귀로 관을 씌우셨나이다. ……

하나님(혹은 천사)만큼 영적일 수 있다는 무한한 가능성에 정곡을 찌르는 질문이 깊숙한 곳에 담겨있다.

"내가 하려는 것을 아브라함에게 숨기겠느냐?"

* 하나님께서 당신 자신에게 물으셨다는 해석은 나흐마너디를 비롯한 여러 랍비의 『창세기(18:17)』 주석에 따른 것이다. 반면, 라쉬는 『창세기(18:24)』를 지적하며 '자신이 아닌 천상의 법정His heavenly court에 던진 질문' 이라고 했으나 어떻게 읽어도 의문의 위력은 조금도 축소되지 않는다.

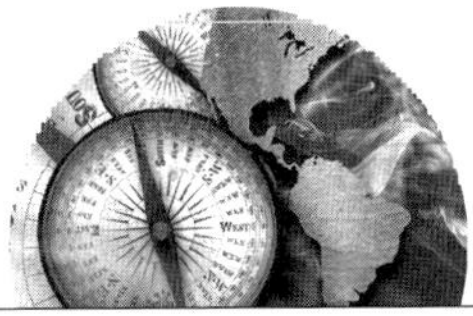

07

심판자가 정의를 행하지 않겠습니까?

7 심판자가 정의를 행하지 않겠습니까?

"여호와께서 또 이르시되 소돔과 고모라에 대한 부르짖음이 크고 그 죄악이 심히 무거우니, 내가 이제 내려가서 그 모든 행한 것이 과연 내게 들린 부르짖음과 같은지 그렇지 않은지 내가 보고 알려 하노라. 그 사람들이 거기서 떠나 소돔으로 향하여 가고 아브라함은 여호와 앞에 그대로 섰더니, 아브라함이 가까이 나아가 이르되 주께서 의인을 악인과 함께 멸하려 하시나이까?"

— 『창세기(18:20~23)』

신비를 파헤치다:

심판자 하나님께서 정의를 행하지 않겠습니까?

전율이 느껴지는 순간이다. 유한한 인간이 무한한 창조

주의 섭리를 두고 "의롭지 못하다"며 하나님께 이의를 제기한다.

그런데 더 짜릿한 사실은 하나님이 "누구관대 내게 이의를 제기하는가? 내가 결심한대로 될 것이다!"라고 대답하지 않으시고 친히 피조물과 대화를 나누셨다는 점이다.

무대를 마련해보자. 하나님은 『창세기(18:20)』에서 악이 가득한 탓에 소돔과 고모라를 멸하실 거라고 선포하신다. 이에 아브라함은 (23~25절에서) 하나님과 대면한다.

> "아브라함이 가까이 나아가 이르되 주께서 의인을 악인과 함께 멸하려 하시나이까? 그 성 중에 의인 오십 명이 있을지라도 주께서 그 곳을 멸하시고 그 오십 의인을 위하여 용서하지 아니하시리이까? 주께서 이같이 하사 의인을 악인과 함께 죽이심은 부당하오며 의인과 악인을 같이 하심도 부당하니이다. 세상을 심판하시는 이가 정의를 행하실 것이 아니니이까?"

하나님은 이의를 '접수' 하셨다.

하나님: 소돔성에 의인 50명이 있다면 도시를 멸하지 않을 것이다.

아브라함: 50에서 다섯이 부족하면 도시를 멸하실 것입니까?

하나님: 의인 45명이 있다면 멸하지 않을 것이다.

아브라함: 의인이 40명이 있을지도 모르는데요?

하나님: 40명을 위해서라도 도시를 멸하지 않을 것이다.

⋮

아브라함이 20명으로 낮춰도 하나님은 멸하지 않기로 약속하셨다.

하나님은 10명까지도 봐주셨다.

하나님이 떠나시자 대화는 끝이 났다.

아브라함은 주님의 섭리를 이해하지 못하는 인간으로서 영원불멸의 의문을 제기했다. 영원한 의문을 비롯하여 창조주의 섭리를 이해할 수 없다는 것과, 그에서 느껴지는 쓰라린 고통과 갈망도 이 물음에 모두 들어있다.

왜 의인이 고난을 당합니까?

왜 악인이 번영을 누립니까?

우주를 다스리는 정의는 어디에 있습니까?

왜?

어떻게?

어디서?

누가?

무엇을?

무엇보다 '왜'가 가장 중요하다.

하나님을 만질 수 없다는 것을 잘 알면서도, 주님을 만지려고 손을 내미는 인간의 모습이 그렇다.

먼지와 재로 된 사람(아브라함이 하나님 앞에서 자신을 두고 한 말)은 먼지로 만들어져 재로 돌아가는 탓에, 인생이라는 무대에서 목청껏 소리를 높여도 누구 하나 들어줄 자가 없다. 육신은 결국 흙으로 돌아가므로 그는 땅위로 올라가 하나님과 동행하고 싶어 한다.

여담으로, 먼지와 재의 차이를 살펴보자. 먼지는 과거가 없으나 미래는 있다. 토양의 먼지에 씨를 심고 먼지에 건물을 지을 수 있기 때문이다. 반면, 재는 과거가 있으나(재를 얻으려면 무언가를 태워야 한다) 미래는 없다. 그렇다면 아브라함은 어느 편을 암시했을까? 미래가 없는 재일까, 과거가 없는 먼지일까? 혹은 과거를 가진 재일까, 미래가 있는 먼지일까? 좀 애매하다.

그런데 분명한 사실은 얼마 후면 먼지와 재로 변할 인간이, 전에도 계셨고 지금도, 앞으로도 계실 영원한 하나님께 손을 대고 싶어 한다는 것이다. 아무리 먼지와 재라도 하나님의 형상대로 창조되었기에 그는 창조주와 연합하고 주님의 신비한 섭리를 이해하고 싶어 한다.

아브라함은 그저 답이 알고 싶어서 하나님께 물은 것은 아니었다.

당신은 선한 만물의 본체시며
피조물이 의롭게 살기를 원하십니다
의인에게는 상급을, 악인에게는 벌을 내리실진데
지금에 와서는 악인을 의인과 함께 심판하시렵니까?
당신은 온 땅을 심판하시는
공의의 본질이십니다.
그럼에도 공의의 본질이 피조물뿐 아니라
당신의 신령한 이름에도 부당할지 모를 행동을 할 수 있습니까?

아브라함은 소돔성을 위해 중재할 필요가 없었다. 한 도시뿐 아니라 전 인류가 받을 심판을 앞두고 하나님의 말씀을 일언반구 없이 받아들였던 노아의 전례를 따라도 큰 문제가 없었을 거란 이야기다. 그러나 세상의 심판자가 부당할 수도 있다는 가능성을 두고 크게 번민한 아브라함은 하나님의 역사에 개입하지 않을 수 없었다. 아브라함의 중재는 모세와 아론의 일화를 보는 듯싶기도 했다. "한 사람이 범죄 하였거늘 온 회중에게 진노하시나이까?(민 16:22)"

또한 마지못해 그런 것도 아니었다. 의지를 조금도 굽히지 않고 하나님께 간청하던 아브라함은 의인의 수효를 50에서 45, 40, 30, 20, 10명까지 '깎으면서' 주님과 계속 협상하려 했다.

그는 의인의 목숨이 위태롭게 된 탓에 그들과 정의를 위해 자신의 목숨을 내걸었다. 물론 의인뿐 아니라 악인의 생명도 구하려 했을 것이다. 도시에 의인이 조금이라도 있다면 그와 도시 전체가 구원을 받을 수 있기 때문이다.

아브라함은 하늘의 섭리를 묻는 질문에 어떻게 답변하실지 몰랐다. 어쩌면 주제넘게 이의를 제기했다는 이유로 처벌을 받아 죽임을 당했을지도 모를 일이다.

그러나 하나님께서는 먼지와 재로 된(주님의 형상으로 창조된) 피조물과 협상을 시작하셨다. 인간이 하늘의 섭리를 다는 이해하지 못할지라도 그것이 부당하진 않으며 세상을 판단하는 이는 공의의 하나님이라는 사실을 알길 바라셨기 때문이다.

아브라함에게 묻고 싶다.

소돔성에 의인이 몇 명이 있는지 하나님께서 모르실 거라고 생각했는가?

아브라함은 하나님께서 모르실 리가 없다는 것을 이미 알고 있었다.

아무리 상황이 암울하고 희망이 보이지 않더라도 기도의 문은 진정한 구도자에게 열려있다는 사실을 알리고 싶었을 것이다. 아브라함은 하나님께서 답을 아신다는 것을 일찌감치 파악하고 있었다. 그럼에도 그는 기도했다. 아울러 '세상의 심판자를 속단해서는 안 된다' 는 메시지를 인류에 전하고 싶었을 것이다.

아담과 가인, 아브라함

하나님이 손수 창조하신 아담을 생각해보라. 하나님의 신뢰를 잃고 두려운 나머지 몸을 숨긴 그는 "어디 있느냐?"는 질문에 대답할 수 없었다.

아담의 아들 가인은 어떤가? 동생을 죽이고는 하나님의 질문에 "내가 동생을 지키는 자입니까?"라며 무례히 반박했다.

하나님은 당신이 사랑하는 벗인 아브라함을 두고는 계획을 일절 숨기지 않으셨다. 아브라함은 하나님의 말씀을 위반하지 않았고 몸을 숨긴 적도 없었다. 주님께 던진 물음 또한 거만해서가 아니라 사랑하는 마음에서 우러난 것이었다. 그는 자신뿐 아니라 형제가 어디에 있는지도 알고 있었다.

아브라함은 아담의 범죄와 가인의 물음으로 발생한 피해를 복구했다. 소돔을 멸하시겠다던 하나님께서 천사에게 "내가 하려는 것을 아브라함에게 숨기겠느냐?(창 18:17)"고 말씀하신 것은 어쩌면 당연한 일이다. 누구든 사랑하는 자에게는 마음을 숨기지 않기 때문이다.

소돔을 살려보겠다며 중재에 나선 아브라함은 가인의 오만한 물음에 "그렇습니다, 우리는 혈육이 아닌 형제도 지켜야 마땅합니다"라고 답변한 셈이다.

08

너는 누구냐?/ 복이 하나뿐입니까?

8 너는 누구냐? / 복이 하나뿐입니까?

"이르되 내가 여기 있노라 내 아들아 네가 누구냐?"

— 『창세기(27:18)』

"에서가 아버지에게 이르되 내 아버지여 아버지가 빌 복이 이 하나뿐이리이까?"

— 『창세기(27:38)』

축복에 목마름:
너는 누구냐?
복이 하나뿐입니까?

이삭이 아들을 축복하는 일화에서 많은 물음이 발견된다(창 27장 참고). 물론 전부 중요하지만 이삭이 아들에게, 에서가 아버지 이삭에게 던진 두 가지 물음에 주안점을 둘 것이다.

I. 리브가가 '위장시킨' 야곱이 아버지 이삭 앞에 섰다.

리브가는 남편 이삭이 에서에게 축복을 빌어서는 안 된다는 점을 분명히 알았다. 에서가 본성을 위장했다는 것을 잘 알고 있었기 때문이다. 에서는 악한 의도로 본심을 속였지만 리브가는 선한 목적으로 야곱을 형으로 꾸밀 참이었다. 축복은 어떻게든 야곱에게 가야했다. 에서 탓에 이삭 일가와 향후 이스라엘 백성의 운명이 타락해서는 안 되었기 때문이다. 결국 리브가는 야곱을 형으로 보이도록 꾸몄고 그간 '눈독을 들였던coveted' 축복이 그에게 돌아갔다.

리브가는 이삭을 쉽게 속일 수 있었을 것이다. 이삭은 지성과 영성을 두루 갖춘 인물이었지만, 성경(창세기 27장)은 그가 늙고 눈이 어둡다고 이야기했다.

"이삭이 나이가 많아 눈이 어두워 잘 보지 못하더니 맏아들 에서를 불러 이르되 …… 내가 이제 늙어 어느 날 죽을는지 알지 못하니 ……."

그러니 겉모습만 위장해도 야곱을 에서로 착각하게 만들 수 있었을 것이다. 리브가는 일이 순조롭게 돌아가리라고 확신했다. 야곱은 내키지 않았지만 마지못해 어머니의 지시에 따랐다.

『미 7:20』에서도 지적했듯이, 야곱은 진리(אֱמֶת, 에메트)를 표상하는 족장이라는 점에 주목해야 한다. 미드라쉬를 비롯한 고전문헌에 따르면, 아브라함은 친절과 자비(חֶסֶד, 헤세드)를, 이삭은 하나님을 섬기는 능력을 표상하며 야곱은 진리의 전형인, 둘의 특징을 섞었다고 한다. 진리는 선한 성품이 균형을 이뤄야 구현될 수 있기 때문이다. 야곱과 리브가는 이 같은 성품을 발휘하여 훨씬 원대한 진리 — 이스라엘 백성의 순결과 운명을 보전하고 에서의 타락에서 자신을 구원하는 것 —를 성취할 수 있었다. 또한 흔히

볼 수 있는 속임수가 아니라는 점으로 미루어 하나님이 암암리에 개입한 덕에 그것이 통했다는 점도 아울러 주목해야 할 것이다. 이는 고전문헌에서도 적잖이 논란을 불러일으킬 정도로 복잡다단한 사건이었으나, 본서의 방향과는 맞지 않으니 이를 다루진 않으련다.

부친에게 다가간 야곱이 "아버지???(아바이)"를 부르자 이삭은 "그래, 여기 있다"고 답했다. 그러고는 "내 아들아, 네가 누구냐?"며 말을 이었다(창 27:18). "두 아들 중에 누구냐?"고 물었겠지만, 좀 더 깊이 들어가면 "내 아들인 너의 정체는 누구며, 네 본질은 무엇이냐? 네가 야곱이든, 에서든, 네가 누군지 아느냐?"고 물었을지도 모른다. 이삭은 뭔가 석연치 않다는 점을 눈치 챘을까? 야곱은 "아버지"를 불렀을 뿐인데 말이다.

또한 야곱이 말문을 여는 18절부터, 본격적인 축복으로 연결되는 27절에 이르기까지(10절에 걸쳐) 이삭의 발언에서 7번 다르게 표현하기는 하지지만, '내 아들'이 여덟 번이나 나온다는 점에도 주목해보자.

18: "아들아, 너는 누구냐?"
19: "아들아, 아주 빨리도 마련했구나."
21: "아들아, 가까이 오거라. 네가 내 아들 에서인지 아닌지 너를 만져보려 하노라."
24: "내 아들 에서구나."
25: "내 아들이 사냥한 고기를 먹고 내 마음껏 네게 축복하리라."
26: "내 아들아 가까이 와서 내게 입 맞추라."
27: "내 아들의 향취는 밭의 향취로다."

숨겨진 반복구인지라 분명히 들리진 않겠지만 주의 깊게 들어보면 "내 아들아, 내 아들아"가 망치나 종을 연신 두드리듯 쩌렁쩌렁 울릴 것이다.

이삭은 뭔가 심상치 않은 분위기를 감지했을까? 누군가에게, 혹은 자신에게서 안도감을 찾고 싶어서? 결코 잠재울 수 없는 의심 탓에 '내 아들' 을 계속 찾았을까? 하나님의 축복을 빌고 유산을 상속하는 그 순간을 만끽하고 싶었던 것은 아닐까? 그와 리브가가 기도한 자손이 없었다면 하나님의 이름을 온 세상에 전파할 일가의 미래도 없을 테니 말이다.

본문을 대충 읽어봐도 의심에 무게를 두게 된다. 야곱의 대답에서 아버지의 걱정은 21절("아들아, 가까이 오거라. 네가 내 아들 에서인지 아닌지 너를 만져보려 하노라")에 이르기까지 점차 깊어지는 듯싶으나, 마침내 그는 '앞에 있는 사람이 에서가 아닐 수도 있다' 는, 뭔가 석연치 않은 점을 간파하게 된다.

무엇이 이삭의 의심을 자극했을까? 에서와 야곱은 쌍둥이인지라 목소리도 같았을 것이다. 그렇다면 야곱의 말 속에 에서가 아닐지 모른다는 생각을 갖게 한 무언가가 있었다는 이야기다. 이를테면, 어조가 섬세하거나, 전에는 느끼지 못했던 순수함이 배었을지도 모를 일이다. 에서는 들의 사람으로 사냥꾼인 데 반해, 야곱은 장막에 거하는 자로 사색을 즐기는 연구자가 더 어울렸다. 따라서 투박한 말이 나올성싶었는데 뭔가 부드럽고 섬세한 어조가 들리니 이삭이 좀 놀랐을지도 모른다. 어쩌면 울며 겨자 먹기로 아버지를 속여야 하는 야곱 입장에서는 한 마디를 뱉더라도 불편한 심정이 그에 묻이난 탓에 이삭이 이를 눈치 챘을 가능성도 있다. 어쨌든 분명한 사실은 "아버지(אָבִי, 아비)"라는 호칭만으로도 이삭의 마음에 의문이 생겼다는 것이다. 그러나 목소리의 어조도 그렇지만, 야곱의 말이 의심을 자극했다는 점도 주목해야 한다. 즉, 에서는 아버지를 공경했지만 '하나님God'은 그가 거의 쓰지 않은 말이었다. 그러나 고기를 어찌 그리 빨리 잡아 요리했는지 묻자 그는 "아버지의 하나님 여호와께서 나로 순조롭게 만나게 하셨다(창 27:21)"고 대답한다. 그제야 이삭은 아들에게 가까이 오라며 "진짜 아들인지 아닌지" 만져보고 판단하겠다고 이야기했다. 하지만 그에게는 여전히 석연치 않은 점이 있었다. "목소리는 야곱의 목소리나 손은 에서의 손이로다."

"너는 누구며, 나는 누구인가?" 우리가 끊임없이 자문해

봐야 하는 물음이다. 일거수일투족을 위장하는 가면을 벗고 화장품을 씻어내려면 "너는 누구인가?"라며 자아의 정체성을 물어야 한다. 당신의 언행은 일치하는가? 혹시 목소리는 분명 야곱인데 손은 에서의 손을 갖진 않았는가?

성경에 기록된 질문은 등장인물뿐 아니라 각 개인에게 던지는 것으로 봐야 한다. 하나님께서는 아담에게는 "네가 어디 있느냐?(창 3:9)" 가인에게는 "네 동생은 어디 있느냐?(창 4:9)" 야곱에게는 "너는 누구냐?(창 27:18)"고 물으셨고, 야곱은 아들 요셉에게 므낫세와 에브라임을 두고 "이들은 누구냐?(창 48:8)"고 물었다. 리브가는 자신에게 "왜 나입니까?(창 25:22)" 행인은 요셉에게 "무엇을 찾습니까?(창 37:15)"라고 물었고, 모세는 하나님께 "내가 누굽니까?(출 3:11)"라고 물었으며 하나님은 발람에게 "너와 함께 있는 이 사람들이 누구냐?"고 물으셨다.

'누가,' '언제,' '어디서,' '무엇을,' '왜'는 성경에 가득하며, 그 같은 의문은 민감한 사람의 삶도 영원히 채울 것이다.

너는 정녕 누구인가?

네 본질은 무엇인가?

너는 무엇으로 창조되었는가?

네가 누구인지 아는가?

네 자녀는 누구인가?

네 형제가 어디 있는지 아는가?

무엇을 찾고 있는가?

누가 네 친구인가?

지금은 어디에 있고 어제는 어디에 있었으며 내일은 어디에 있을지 아는가?

II. 다음 일화에서 두 번째 물음이 제기된다.

리브가의 '수작' 으로 야곱은 아버지에게서 축복을 받았지만 그것은 쌍둥이 형이 받았어야 할 것이었다. 야곱이 방을 나온 후, 에서는 축복이 동생에게 돌아갔다는 사실을 알고는 소리를 내며 울었다. 이삭은 몸을 부들부들 떨면서도(아래 참고) 이미 축복을 빌어주었으니 에서에게는 그럴 수 없다고 이야기한다. 그러자 에서는 "아버지가 빌 복이 하나뿐입니까?(창 27:38)" 라고 묻는다.

이 사건에서도 궁금증을 자아내는 모호한 구석이 있다. 연로하여 눈이 먼 이삭의 역할은 무엇일까? 배후에서 일을 꾸민 리브가에게 속은 것이 전부일까? 그만의 계획이 있지는 않았을까?

왜 리브가는 축복을 얻어내야 한다는 일념으로 복잡하게 일을 꾸몄을까? 에서가 못마땅했다면 굳이 남편을 속일 필요가 있었을까? 이삭에게 속내를 털어놓으면 되지 않았을까? (랍비 나프탈리 츠비 여후다 베를린['네치브']은 리브가와 이삭과의 관계를 풀이했다)

여기서 호기심을 자극하는 것은 바로 에서의 질문이다. 에서가 울며불며 부친에게 축복을 촉구하는 대목은 어떻게 이해해야 할까? 영적인 것은 죄다 거부하고 육신을 주인으로 섬기며 오감으로 느낄 수 있는 것만 믿을 뿐 아니라 거짓과 약탈, 살인 및 폭행을 일삼는 에서는 속임수의 앞잡이이자 위선자였다. 그렇다면 왜 아버지에게 축복을 받으려고 했는가? 사냥이나 고기 혹은 얼근히 취기를 돌게 하는 술보다 값진 것이라고는 믿지 않았을 텐데 말이다. 눈물을 보이면서까지 집착하는 축복을 두고 뭔가 다른 꿍꿍이가 있었던 것은 아닐까? 몇 마디 말에 불과한 데다 육신을 초월한 믿음이 전제되는 축복이 무슨 의미가 있단 말인가? 이기주의와 거만의 화신이자, 그저 식탐과 정욕을 충족시키면 그만일 뿐, 인생 뭐 있느냐는 그가 아닌가? 혹시 교활한 속임수의 사례를 제시한 것일까? 부친에게 의롭다는 인상을 주기 위해, 본인에게는 아무런 의미도 없는 영적인 문제를 두고 거짓 눈물을 흘린 것일까? 들에서 약탈과 파괴를 자행하다 집에 와서는 경건한 척 부친과 십일조의 의무를 토론할 만큼 기만의 극치를 보여주는 것은 아닐까? (라쉬, 미드라쉬 탄후마를 인용하며 풀이한 창세기 25:27)

그럴듯하지만 부당한 비난이 될 수도 있다. 본문에서 에서는 이중인격자의 면모를 보이지는 않기 때문이다. 그는 진심으로 부친의 축복을 원했다. "아버지가 빌 복이 하나뿐입니까?"라며 눈물로 호소하는 점과 "내게도 축복하소서!"라며 절규하는 대목은 진심이라는 인상을 준다. 즉, 위선도 속임수도 없었다.

에서를 단순히 악인으로 치부한다면 본문은 이해하기가 어려울 것이다. 물론 그가 악의 전형인 것은 사실이다. 이를테면, 탄생 당시 그는 성인처럼 덥수룩한 털이 나있었고 몸은 붉었다고 했으니 말이다("너희 죄가 주홍 같을지라도"라고 한 이사야의 기록처럼 붉은색은 죄의 색깔이다). 성경은 그가 사냥하는 법을 아는, 들의 사람이라고 하여 '소박한 사람simple man' 이자 장막에 거하는 쌍둥이 동생 야곱과 대조적으로 기록했다. 사실 그는 큰 죄인이었다.

그러나 단점을 벌충하는 면모를 아울러 다루지 않고 그를 악인으로 몬다면 서투른 풍자에 지나지 않을 것이다.

우선, 에서는 최선을 다해 아버지를 공경했다. 랍비 시몬 벤 감리엘Shimon ben Gamliel은 자신도 어버이 공경을 강조하지만 에서가 이삭을 존경한 것에 비하면 자신은 아무것도 아니라고 이야기했다(창세기 라바 65:16, 신명기 라바 1:15). 예컨대, 에서는 항상 왕자처럼 옷을 차려입고 아버지를 섬겼다고 한다. 왕을 알현할 때 평상복을 입지 않는 것과 같은 이치다.

에서가 이삭의 존엄과 거룩한 면모를 인정했다는 점으로 미루어 일변도로 치우친 악인은 아니었다는 사실을 알 수 있을 것이다. 그의 애처로운 호소("아버지가 빌 복이 하나뿐입니까?")는 매우 논리적이었다. 거룩하시고 영성이 충만한 아버지라면 아들에게 빌어줄 복이 그것 말고도 더 있을 것이니 말이다!

이상하게 들릴지 모르지만, 부자지간인 이삭과 에서는 서로 정이 두터웠을 것으로 보인다. 모리아 땅에서 번제로 드려진 이후, 세속의 때가 묻지 않은 이삭이 자신과는 대립된, 세속적이고 육신적인 아들에게 각별한 애정이 있었다니 좀 놀라울 따름이다. 이삭이 속세의 섭리를 이해할 수 있는 방편을 에서에게서 찾은 것은 아닐까? 에서는 자신과 상극이자, 이삭이 구현한 영적 세계에 마음이 끌렸을지도 모른다. 그렇다면 에서가 하늘의 섭리를 이해할 수 있는 방편을 이삭에게서 찾았다고 해야 할까?

이삭은, 잘만 이끌면 에서의 본질적인 힘과 에너지가 야곱보다 더 신성한 성품을 창출해낼지도 모른다고 생각했거나, 에서에게서 유대 민족의 영원한 원동력이 되는 데 필요한 변화를 이끌어낼 수 있다는 마음에 축복을 빌어주고 싶어 했을지도 모른다. 이는 앞서 언급했듯이, 여덟 차례나 반복되는 '내 아들(애정의 표현)' 에서 잘 나타난다.

반면, 에서는 악한 세력에 말려들었다는 점을 의식하고는 아버지의 축복이 그를 악의 구렁텅이에서 벗어나게 할 수 있을 거라는 믿음에 축복을 간절히 원했을까? 이를테면, 아버지가 복을 빌어준다면 회개할 마음이 생길지 모르나, 그러지 않으면 죄의 수렁에 좀 더 깊이 빠질 거라고 생각했을까? 그렇다면 그는 순수한 후회와 참회의 눈물을 흘렸다고 봐야 할 것이다.

> "아버지가 축복해주신다면 지옥으로 끌려들어가는 저를 구원할 수 있습니다."

악은 복잡하다. 흑백론으로 해결될 만큼 간단한 문제는 아니다. 따지고 보면, 악인에게도 하나님의 성품에서 발산되는 영이 있으며, 이는 완전히 억누르거나 제어할 수 없고 다양한 모습으로 표출된다. 종교적으로 위대한 성품이 내재된 이삭과 리브가의 아들이자, 아브라함과 사라의 손자인 에서도 예외는 아닐 것이다. 그에게도 심오한 영력이 있었으나 그것이 악한 목적에 전향된 것이 문제였다. 에서의 숨은 역량은 『미드라쉬 얄쿠트 쉬모니, 톨레도트(115)』에서 찾아볼 수 있다. 본서에 따르면, 유대 민족은 에서가 세 차례 흘린 눈물로 크나큰 시련을 겪었다고 한다. 또한 야곱의 딸 디나와 에서의 혼인이 허락되었다면 그녀는 에서의 거룩한 성품을 회복시킬 수 있었을 거라고 하니 그도 분명 회개할 수 있는 사람이었다는 이야기다(미드라쉬 라바 76:9, 시드라 바이슐라흐, 라쉬가 풀이한 창세기 32:23).

미드라쉬에 따르면, 이삭은 에서에게 속을 만큼 연로하지 않았다고 한다. 그는 에서의 됨됨이를 잘 알고 있었으며 일단 길들이면 선하고 거룩한 쪽으로 전용할 수 있는, 그의 위력도 이미 꿰고 있었다. 이삭은 축복이 그를 의의 길로 인도하길 바랐을지도 모른다.

이삭이 악한 아들을 그렇게 믿었다는 것은 이상한 일이 아니다. 아브라함의 아들이자, 모리아 산에서 자신을 기꺼이 바쳤던 그가 아닌가? 그에게 악은 덧없는 존재였으리라. 모리아 사건 이후 그의 눈은 가려졌고 악의 실체 또한 볼 수 없었다. 그러자 세상과는 구별된 피조물이 되어 평범한 일상사에는 관여하지 않았다. 그러나 리브가는 아들을 보는 시각이 달랐다. 즉, 에서에게서 오빠 라반과, 세속적인 가족(악을 분별하고 그와 싸우는 법을 가르친 가족)의 음성이 들렸다는 것이다.

알다시피, 축복을 기록한 본문을 보면 이삭은 앞에 선 아들이 정말 에서인지 확신하지 못했다. 뭔가 석연치 않은 점은 감지했지만 말이다. 이삭의 의심이 점차 커져간 것은 이미 살펴본 바와 같다.

불안감이 고조되는 가운데 이삭은 자신이 속고 있다는 것을 깨달았다. 그런 탓에 축복을 받을 사람이 에서라는 점을 분명히 하고 싶어 했을 것이다.

이삭은 이 축복에 전부를 걸었다. 야곱이 거룩한 자가 되지 못할 거라는 염려는 없었다. 애당초 야곱은 하나님과 천국을 대변하며, 천국은 이삭과 후손의 분깃이었기 때문이다. 이삭에게는 지상에서 천국을 창조하는 힘이 있었고, 에서에게는 잘만 길들이면 선하게 바꿀 수 있는, 거룩한 잠재력이 있었다. 즉, 이삭은 천지를 영원히 점령할 수 있었고, 하나님을 섬기는 데 야곱과 에서를 이용할 수 있었다는 것이다. 때문에 그는 에서라는, 힘의 원천이 그 앞에 서있으리라고 확신했다.

반면, 리브가는 현실을 보는 시각이 달랐다. 평생을 붙어다니던 악을 본 것이다. 종말이 오기까지 내면에 있거나 세상에 두루 퍼진 악이 이삭의 영성에서 우러나온, 한 마디 축복으로 회복되거나 선하게 변하리라고는 생각지 않았으리라. 악은 끈질기게 싸워야 하고 확실히 처단해야 한다는 말인데, 이는 리브가가 쌍둥이를 낳기 전에 들었던 메시지에서 암시적으로 드러난다.

> "두 국민이 네 태중에 있구나. 두 민족이 네 복중에서부터 나누이리라.
> 이 족속이 저 족속보다 강하겠고, 큰 자가 어린 자를 섬기리라(창 25:23)."

남편 이삭에게는 이야기하지 않은 예언인 듯싶다. 야곱과 에서의 사이가 그다지 좋지 않았기 때문이다.

축복 쟁탈전은 비단 쌍둥이뿐 아니라 부부지간에서도 벌어진 셈이다. 리브가는 세상 물정을 잘 알았으나 이삭은 현세를 초월한 영적인 세계만 알고 있었다. 리브가가 야곱을 둘러싼 예언과 에서에 대한 두려움을 이삭에게 털어놓지 않은 것도 바로 그 때문이다. 이삭은 세상의 실체가 아니라 이상형을 본 것이다. 따라서 리브가는 복이 악에게 돌아가지 않도록, 에서의 기만을 역이용하여 그를 무너뜨리겠다는 일념으로 과감한 조치를 취해야 했다. 아울러 그녀는 에서의 손이 야곱의 목소리와는 결코 화해할 수 없을 거라고 확신했다.

에서가 나타나 자신에게 복을 빌어달라고 하자 자초지종을 눈치 챈 이삭은 몸을 부들부들 떨었다(창 27:33). 그런데 왜 떨었는지는 분명치가 않다.

오래 전 아침, 모리아로 가던 그가 아버지를 불렀을 때("아버지," "그래, 여기 있다")를 기억했기 때문일까? 당시 이삭은 제사용구는 보이는데 양은 어디 있냐고 물었는데, 혹시

"하나님께서 양을 보이실 것"이라는, 아브라함의 미묘한 답변을 떠올렸을까? 이삭이 아들을 불렀을 때 예전처럼 "여기 있습니다(히네이니)"라고는 했으나 그의 대답이 분명치가 않아 모리아 사건이 저절로 기억난 것은 아닐까? 아브라함이 이삭에게는 알려주지 않고 그를 번제로 드리려 했듯이(필연적인 일), 아들도 그에게는 비밀로 한 채, 필연적인 일을 치러야 했을 거라고 생각하진 않았을까?

이삭은 사시나무처럼 몸을 떨었다. 하나님께서 자신의 소원과는 달리, 야곱에게 복을 내리신 탓에 에서의 개과천선은 물 건너갔다는 것을 깨달아서 그랬을까? 이삭은 에서가 이제부터 본인의 의지력만으로 자신을 구원하기 전까지는 악인으로 살아야 한다는 것을 분명히 깨달았을 것이다. 게다가 이생에서는 그럴 수밖에 없다는 체념과 향후 에서에게 나타날 끔찍한 미래가 그를 사로잡았을지도 모른다. 혹은 에서가 저도 모르게 회복이 불가능한 지경까지 악의를 키우진 않을까 노심초사했을 가능성도 있다. 이삭은 리브가의 시각에 분별력과 통찰력이 있었다는 데 동의

해야 한다.

"아버지가 빌 복이 하나뿐입니까?"

> '에서야. 복은 하나뿐이다. 육신의 세상을 지배하고 이생을 다스리는 복인데, 이제야 그것이 네게는 어울리지 않는다는 것을 알았단다. 영적인 통치권은 빌어줄 수가 없으니 육신의 통치권은 누릴 수 있도록 빌어주마. 영적인 통치권은 네 안의 악을 스스로 제거해야 얻을 수 있을 것이다. 하나님께서 악은 반드시 다스리고 정복해야 한다는 것과, 고난이 없이는 성품이 달라질 수 없다는 것, 그리고 네 자신이 아니면 너를 음부에서 건질 자가 없다는 것을 깨닫게 하시기를 원하노라.'

결국 본문은 쌍둥이 이야기였다. 인간의 내면에는 쌍둥이가 있다. 즉, 에서와 야곱뿐 아니라 땅과 하늘, 육신과 영성이 혼재되어 있다. 우리에게는 영적인 정체성을 품은 야곱의 목소리가 있는가 하면, 육신적인 데다 제멋대로 살려는 에서의 손도 있다. 또한 땅으로 끌어내리려는 에서와, 하늘로 끌어 올리려는 야곱이 공존하기도 한다. "너는 누구냐?"는 이삭과 하나님 아버지의 물음이다. 그런데 에서와 야곱, 땅과 하늘은 동등한 자격으로 공존할 수가 없다. "큰 자가 어린 자를 섬기리라(창 25:23)"고 했으니 말이다. 탈무드 『메길라 6a』에 기록된 바와 같이, 조상과 후손을 겸할 수 없듯이, 어느 한쪽은 다른 쪽을 다스려야 한다. "어느 한편이 가득차면 다른 편은 버려지고, 그 역도 마찬가지(창 25:23을 풀이한 라쉬의 주석도 아울러 참고)"라는 진리는, 겹겹이 싸인 폴더에 담긴 두 가지 의문이 인류에게 암시하는 교훈이다.

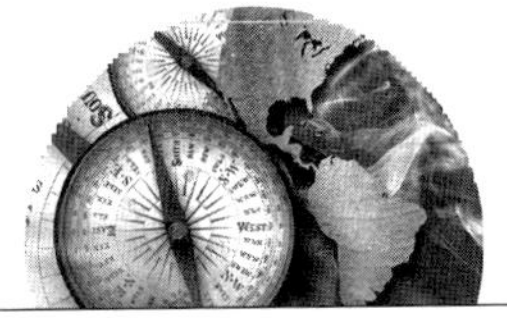

09

왜 근심하십니까?

9 왜 근심하십니까?

그 후에 애굽 왕의 술 맡은 자와 떡 굽는 자가 그들의 주인 애굽 왕에게 범죄 한지라. 바로가 그 두 관원장 곧 술 맡은 관원장과 떡 굽는 관원장에게 노하여 그들을 친위대장의 집 안에 있는 옥에 가두니 곧 요셉이 갇힌 곳이라. 친위대장이 요셉에게 그들을 수종들게 하매 요셉이 그들을 섬겼더라. 그들이 갇힌 지 여러 날이라. 옥에 갇힌 애굽 왕의 술 맡은 자와 떡 굽는 자 두 사람이 하룻밤에 꿈을 꾸니 각기 그 내용이 다르더라. 아침에 요셉이 들어가 보니 그들에게 근심의 빛이 있는지라. 요셉이 그 주인의 집에 자기와 함께 갇힌 바로의 신하들에게 묻되 "어찌하여 오늘 당신들의 얼굴에 근심의 빛이 있나이까?"

— 『창세기(40:1~7)』

죄수의 근심:
왜 근심하십니까?

감옥에서는 맛있는 음식을 먹거나 농담을 주고받을 일이 없다. 죄수는 앞으로 운명이 어떻게 될지 노심초사하거나, 분노와 원한을 표출하거나, 무죄와 유죄 판결로 희비가 엇갈리거나 혹은 나갈 궁리로 골머리를 앓는다. 자아 밖에는 그를 위한 것이 없으며, 다람쥐 쳇바퀴를 방불케 하는 옥살이는 자신과 주변 사람의 개성을 빼앗아버린다. 관리인과 재소자 및 교도관(만나는 사람이라고는 셋이 전부다)은 제 일만 하는 로봇에 지나지 않는다. 벽에 붙은 파리나 바퀴벌레쯤으로 여길지도 모르겠다.

이를 감안해볼 때, 술 맡은 관원장과 떡 굽는 관원장 및 요셉의 대화는 논리가 좀 이상하다. 얼마 전에 '죄수 총괄자'로 지명된 요셉이 들어가 보니 그들에게 근심의 빛이 있었다고 했다. 요셉은 총괄자 신분을 들먹이지 않고, 그들을 동료처럼 대했으며 시무룩한 표정도 포착했다(감옥이니

시무룩한 게 당연하지 않은가?).

이처럼, 관심을 갖고 누군가를 주시했다는 점은 '옥중 관행'이 크게 달라졌다는 것을 암시한다. 즉, 요셉은 이를 지나친 채 본분에만 정신이 팔렸을 수도 있는데, 그들의 망연자실한 표정을 간파하고는 도움이 필요할 거란 생각에 "왜 근심하십니까?"라고 물은 것이다.

사건의 흐름이 중요하다. 우선, 창세기40장 6절에서 요셉은 "그들을 볼 때 근심의 빛이 있었다"고 한 후 중차대한 질문을 던진다. 질문이 중요한 까닭은 혹시라도 요셉이 관원장에게 묻지 않았다면 즉, 두 죄수의 얼굴 표정, 그들의 안색을 무시했다면 요셉은 여전히 옥고를 치렀을 것이고, 바로의 꿈도 풀이하지 못했을 뿐 아니라, 이집트 총리도 되지 못해 대기근에서 세상을 구하지 못했을 것이기 때문이다. 그러나 요셉은 관심을 표현하여 전혀 다른 결과를 낳았다.

요셉의 질문에는 좀 특이한 구석이 있다. 그는 "안녕하세요?" "잘 지내시죠?" 등, 일상적인 인사치레를 하지 않고 이를 넘어섰다.

"낯빛이 좋지 않은데 무슨 고민이라도 있으신가요?"

요셉의 물음은 하나님이 가인에게 "어찌 맥이 풀렸느냐?"고 물으신 것과 탈무드의 금언을 연상시킨다. 이를테면, 라비 요하난 벤 자카이는 눈에 보이는 모든 사람에게 먼저 인사를 건넸다고 한다. 『버라호트 17a』는 "그에게 먼저 인사하는 사람은 없었다 ……"고 기록했다.

다른 사람을 의식하고, 이웃에게 시선을 두며 관심을 표현하는 것이 요셉의 성품이었다. 그는 17세의 나이에 하녀의 자녀가 형제들에게 푸대접을 받는 것을 보고는 그들을 보호했다. 촉각을 세우고, 눈을 들고, 몸을 움직인 것이다. 심부름 차 형제를 찾아다닐 때 행인이 무엇을 찾느냐고 묻자 요셉은 "내 형제를 찾습니다"라고 대답했다(창 37장). 끊임없이 형제를 찾고 그들에게 관심을 보였던 인물이 바로 요셉이었다는 것이다.

7년간 기근이 닥쳐 전 세계 수백만의 운명이 그의 손에 달려있었을 때도 요셉은 '최후의 도우미provider' 노릇을 톡톡히 해냈다. 또한 이집트에서 막강한 권력을 손에 쥔 후에도 대신 앞에서 형제를 곤란하게 만들지도 않았다. 그는 자신의 정체를 드러낼 때 신하를 모두 물러가게 했다(창 45:1).

> "요셉이 시종하는 자들 앞에서 그 정을 억제하지 못하여 소리 질러 모든 사람을 자기에게서 물러가라 하고, 그 형제들에게 자기를 알리니 그 때에 그와 함께 한 다른 사람이 없었더라."

다른 사람을 보는 것이야말로 됨됨이의 본질이다. 이웃을 향한 관심은 요셉을 둘러싼 미스터리를 푸는 데 도움이 될 것이다. 야곱이 가장 사랑했던 아이는 형제를 찾다가(창

37:14) 끝내 집에 돌아오지 못했다. 구덩이에 던져지고, 이스마엘 사람에게 팔린 후 보디발의 집에까지 왔으나 억울한 누명을 쓰고는(주인의 신뢰와 하나님의 말씀을 저버리지 않겠다는 각오를 근거로) 옥고를 치러야 했다(창 39:38). 결국 그는 꿈을 정확히 해몽하여 이집트의 총리가 된다. 고향과 아버지에게서 22년을 떨어져 지낸 셈이다. 전승에 따르면, 요셉은 부친을 잊은 적이 없으며 종종 야곱의 이미지가 눈앞에 아른 거렸다고 한다(소타 36b).

그럼에도 그는 부친에게 '자신이 살아있다' 는 기별을 전하지 않았다. 왜 기별하지 않았을까? 이집트에서 최고 권력을 거머쥔 그라면 가나안에 전갈 정도는 보낼 수 있었을 텐데 말이다!

때문에 성경학자들은 골머리를 앓아야 했다. 요셉의 '특이한 침묵' 을 이해하는 단서로는 남을 배려하는 그의 성품을 꼽을 수 있을 것이다. 행여 소식을 알린다면 (설령 형제의 만행을 낱낱이 고하지 않더라도) 야곱이 사건의 전말을 알게 될지도 모른다고 생각했을 공산이 크다는 이야기다. 따라서 그는 고통스러웠지만 야곱의 분노를 자극하지 않으려고 침묵을 택한 것이다.

또한 요셉은 형제의 분노를 산 꿈이 실은 예언이었다는 점을 알았기에 침묵할 수 있었다. 하나님이 예언을 성취하시는 도구로서 그는 차차 실현될 꿈을 가로막는 일은 전혀 하지 않았다. 꿈이란 스스로 실현되도록 내버려두면 적절한 때에 성취되게 마련이다(창 42:9, 나흐마너디의 주석 참고).

이웃도 같은 땅에 산다. 인간의 본분은 모든 이웃과 소통하고 공존, 공영하는 법을 배우는 것이다. 마치 자기 외에는 없는 것처럼 산다면 그것이 바로 '이기주의'가 아닐까 싶다. 성경의 전신an entire body of Torah은 자기중심적인 본성을 바꾸고 혼자가 아니라는 사실을 일깨워주기 위해 '대인관계'를 가르친다(열 마디 말씀의 절반이 그에 해당된다).

고독과 싸우는 것이 자신의 몫이라는 점도 성경이 기록

된 목적이다. 실은 누구나 혼자다. 그래서 이웃이 수십만이라도 관심과 사랑은 늘 부족하다. 따라서 이웃에게 관심을 갖는다면 나 자신도 고독에서 벗어날 수 있을 것이다. '유아독존' 의 삶은 견디기 어렵고 자신이나 남도 없는 것과 같다. 성경의 대인규정에 따르면, 사람은 자신만 이르는 섬이 아니라고 한다. 즉, 성경은 섬에 다리를 놓고 이를 연결하여 하나로 만드는 법을 가르친다는 것이다.

"왜 안색이 좋지 않습니까?" 라는 물음에 역사의 궤도가 달라졌다. 이처럼 이웃의 안위에 관심을 가진다면 자신과 타인의 역사는 분명 달라질 것이다.

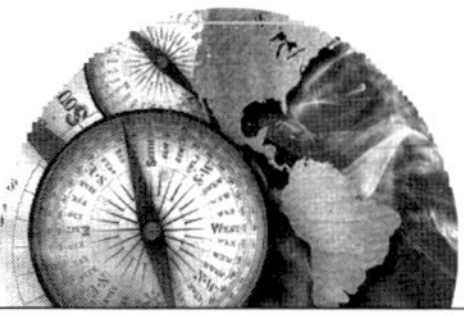

10

아버지는 살아계십니까?

10 아버지는 살아계십니까?

요셉이 시종하는 자들 앞에서 그 정을 억제하지 못하여 소리 질러 모든 사람을 자기에게서 물러가라 하고, 그 형제들에게 자기를 알리니 그 때에 그와 함께 한 다른 사람이 없었더라. 요셉이 큰 소리로 우니 애굽 사람에게 들리며 바로의 궁중에 들리더라. 요셉이 그 형들에게 이르되 나는 요셉이라, 내 아버지께서 아직 살아 계시니이까? 형들이 그 앞에서 놀라서 대답하지 못하더라.

— 『창세기(45:1~3)』

꼭 알아야 할 것: 아버지는 살아계십니까?

형제들과의 가슴 뭉클한 상봉 당시 요셉은 자신의 정체를 밝히고는 "아버지는 아직 살아계십니까?(창 45:3)" 라고 물었다.

물론 요셉이 아버지의 안부를 물은 것은 이번이 처음은 아니었다. 『창세기』 43장에서도 형제들의 만남이 기록되었다. 그들이 이집트에 처음 왔을 때 식량을 가나안에 둔 집과 부친 야곱에게 보내고 나서 다시 돌아오자 요셉은 형제들을 만찬에 초대하고는 상투적인 인사치레처럼 들리지만 실은 내내 관심을 두었던 질문을 던진다.

> "너희가 말하던 그 노인이 안녕하시냐?
> 아직도 생존해 계시느냐?(창 43:27)"

논리적으로 모순된 물음이다. 보통 생존여부 다음에 안녕하냐고 묻는 것이 수순인데 요셉은 순서를 바꿨기 때문이다.

분명, 요셉은 부친의 생사를 알고 싶어 했으나 이집트 총독이 부친에게 관심이 많다는 의심을 사고 싶지는 않았으리라. 그래서 주요 관심사를 내비치는 대신 논리나 정확성을 따지지 않아도 될, 가벼운 대화에 이를 교묘히 위장하려 했던 것이다. 건강하신가? 살아계시느냐? 생존여부는 정중하게 뒤에 추가했다. "안녕하신가?" 처럼 상투적인 인사치레 정도로 손님의 마음을 가라앉히는 것이 요셉만의 '노하우' 가 아닐까 싶다.

45장에도 같은 질문이 나오지만 이와는 극명한 대조를 이룬다. 자신의 정체를 밝힌 후인지라 불편한 마음을 전혀 숨기지 않았기 때문이다. 오랫동안 헤어졌던 요셉의 물음은 마치 해머를 두드리듯, 분명하고 단도직입적이었다. "나는 요셉입니다. 아버지는 아직 살아계십니까?" 더는 속내를 숨길 이유가 없었다.

요셉의 물음에는 아버지를 향한 애정과 동경이 묻어난다. 사람은 하나님과 배우자, 자녀, 이웃 및 어버이 등과 관계를 맺으며 산다. 부모와 이웃과의 관계는 열 마디 말씀에도 규정되어 있으나 요셉은 그것이 있기 전부터 부모를 공경했을 뿐 아니라, 애정과 헌신으로 부자지간치고는 매우 각별한 관계를 몸소 보여주었다.

예컨대, 성경은 야곱이 노년에 얻은 아이가 요셉이었다고 기록했고(창 37:3) 미드라쉬에 따르면, 야곱은 이삭과 아브라함에게서 터득한 지혜를 요셉에게만 가르쳤다고 한다(창세기 라바 84:8). 요셉이 이스라엘 민족의 운명을 짊어진다는 사실을 이미 알았기 때문이다. 부자간의 유대감은 야곱과 라헬(요셉의 모친)만큼이나 돈독했다.

야곱이 세겜에 있는 형제를 찾기 위해 요셉을 보냈을 때 두 부자는 외로운 여정이 될 거라는 점과, 대놓고 반감을 표출하는 형제에게 곤욕을 치를 수도 있다는 것을 잘 알았다. 그럼에도 요셉은 주저하지 않았고, 두려움이나 의구심도 없이 아버지의 부름에 "הִנֵּנִי, 히네이니(제가 여기 있습니다/분부만 내리십시오)!"라고 대답하고는 숙명적인 여정에 발을 내딛었다. 아버지가 하라는 대로 그는 순종했다.

요셉이 노예로 팔려간 이후에도 아버지 야곱의 영향력이 대단했다는 점은 그가 보디발 장군의 집을 관리하게 되었을 때 분명히 드러난다. 장군의 아내가 요셉을 유혹했으나 요셉은 아버지의 환상을 보고 이를 뿌리쳤다고 한다(소티 36b).

따라서 아버지 없이 22년을 지내면서 요셉의 첫 마디가 아버지의 안부를 물은 것은 어쩌면 당연할 것이다. 그러나 "내가 요셉입니다"와 "아버지가 살아계십니까?"는 서로 어울리지는 않지만 동격을 이룬다는 점에서 다양한 의미가 내포되어 있다.

선뜻 믿을 수가 없다는 말일까?

"그동안의 고생을 생각하면 살아계실 것 같지가 않아요."

아버지의 안위를 확신하고 싶어서 그렇게 물었을까?

"전에 살아계신다고 말했지만, 지금 제가 누구인지 확실히 알았으니 사실을 말해주세요. 아버지가 정말 살아계신

가요?"

아니면 벅찬 기쁨의 표현이라고 볼 수도 있다.

"정말 꿈인지 생시인지 모르겠군요. 아버지가 살아 계신 거죠?"

앞서 언급했듯이, 이 같은 물음은 요셉과 부친의 관계(딱히 해명할 수는 없는)와도 일맥상통한다. 즉, 야곱이 요셉을 끔찍이 아끼는 마음은 단순한 정이 아니라 유대인의 운명과도 직결되었다. 야곱은 요셉이 없이는 의지할 데가 없었다. 때문에 누구의 위로도 받지 않은 그는 잃은 자식 생각에 끊임없이 애곡했다(창 37:35).

요셉 또한 아버지와는 떼려야 뗄 수가 없다. 야곱이 없는 요셉은 요셉이 아니라는 이야기인데, 그렇게 본다면 "내가 요셉입니다"와 "내 아버지는 살아계십니까?"가 논리적으로 연결되어있다는 것을 알 수 있다. 그는 마치 성과 이름처럼 두 마디를 단숨에 내뱉었다. 즉, 요셉의 삶은 아버지가 살아계셔야 의미가 있었던 것이다. 부친의 삶을 구현해야 한다는 의식은 요셉이 22년간 몸에 지녔던 '신분증'인 동시에, 갖은 고초와 유혹 앞에서도 충성심을 지킬 수 있었던 원동력이었다. 때문에 그는 형제들 앞에서 정체를 밝힐 때 '그들의 삶도 살아계신 부친을 대변하는지' 물은 것이다.

요셉의 발언에서 대명사를 주의 깊게 살펴보자. 그는 "우리 아버지"라 하지 않고 "내 아버지"라고 했다. 그가 들짐승에게 죽은 것으로 믿도록 거짓을 꾸몄으니 부친을 공경하지 않은 형제들을 책망한 것은 아닐까? 게다가 자기도 형제로 대우해주지 않은 탓에 그는 "나는 여러분의 형제 요셉입니다" 대신, "나는 요셉입니다 ……"라고 밝힌 것이다.

따라서 요셉의 물음은 영적으로 풀이해야 한다. 이를테면,

'나는 지금도 아버지의 아들입니다. 당신의 가르침도 아직

살아있는데, 혹시 형들에게도 그러한지요? 우리가 아직도 유일하신 하나님의 교훈을 인류에게 전파할, 영원한 민족의 주춧돌을 세울 수 있을까요? 이제는 아버지를 푸대접하진 않겠지요?
내 아버지가 아니라 우리 아버지가 되려면 그래야 마땅하니까요.'

형제들은 아무런 대꾸도 하지 않았다.

9절을 보면 요셉은 답변할 틈도 주지 않고 가나안으로 돌아가 부친을 모셔오라고 주문한다(부친이 살아 계신지는 아직 밝히지도 않았다!). 한편, 그들이 함구했던 이유는 요셉의 미묘한 어조를 간파했기 때문일지도 모른다.

지난 22년간 아버지와의 소통을 스스로 금했던 까닭은 앞 장에서 살펴보았다. 행여 야곱이 요셉에게 벌어진 일을 알게 된다면 이스라엘 민족의 운명을 둘러싼 예언적인 꿈의 결과가 실패로 돌아갈지 모른다는 두려움 때문이었다.

사실, 요셉은 꿈이 정점에 이르렀거나, 자신의 정체를 드러낸 후에도 부친에게는 그간의 자초지종을 밝히지 않았다.

따라서 자신의 신분을 밝히자마자 쏟아낸 물음은 가슴에 수년간 담아둔 것이었으리라.

> "아버지가 지금도 살아계십니까?"
> '노예로 팔려간 이후, 제가 단 하루도 거르지 않고 마음에 품었던 아버지는 이스라엘 백성의 운명을 제게 맡기셨습니다.
> 저뿐 아니라 어머니 라헬도 사랑하신 아버지는 제 사고 소식에 가슴이 아프셨을 겁니다.'

사실 형제의 질투와 시기를 불러일으킨 것은 아버지의 애정 탓이었다. 그들은 요셉을 아첨꾼imposter으로 취급했다. 즉, 아버지의 환심을 사기 위해 안간힘을 썼던 협잡꾼의 계보를 잇는 자로, 유대 민족의 미래를 위협한다고 여긴 것이다.

예컨대, 아브라함은 이스마엘에게 속았고 사라만이 외양에 감춰진, 그의 위선을 감지했다. 조부 이삭은 에서에게 속았으나 리브가는 그의 진정한 자아를 간파했다. 그 다음으로 야곱은 요셉에게 속았는데, 라헬이 몇 년 전에 세상을 떠났으므로 숨은 진실을 지적해줄 아내는 없었다. 레아는 죽은 동생의 아들보다 제 아들을 더 아낀다는 인상을 줄 수도 있으니 그럴 입장은 못 되었다. 결국 형제들은 요셉의 기만을 밝히는 것이 본분이라고 생각하여 이 '사기꾼'을 제거해버린 것이다.

이제 요셉은 한 가지 질문으로 모든 진실을 밝힌다.

'아버지가 저를 편애하신다고 여긴 건 오해였습니다.
사실 아버지는 제 꿈을 진지하게 생각하셨을 뿐입니다.
항상 우리 삶의 중심에 계신 아버지가 아직도 우리를 막는 담입니까?
제 속임수에 넘어갔다는 아버지가 정녕 형들의 가슴에도

살아계십니까?
아버지의 판단과 결정에 따를 각오는 되어 있나요?
제 정직과 성실과 열린 마음이 아직도 아버지와의 관계를 둘러싼 이슈가 되고 있습니까?
아버지와 저를 보는 시각이 이제는 좀 달라졌습니까?
참회와 후회와 아픈 기억을 떠오르게 하는 아버지가 지금도 살아계십니까?

그러면 신비에 싸인 물음을 다른 관점에서 살펴보자.

형 유다의 탄원에 요셉이 개입한 시점에 주목해볼 때 유다의 마지막 말은 무엇인가? 다름 아닌 "내 아버지" 였다. 유다는 연로한 아버지가 어떻게 될지 생각해보라고 사정했다. 베냐민과 함께 가나안에 돌아가지 않으면 아버지가 돌아가실지도 모른다며 자신을 베냐민 대신 종이 되게 해달라고 애원한 것이다.

유다는 열일곱 마디의 말 중에서 아버지를 14번이나 언급했다. 그러자, "두렵건대 재해가 내 아버지에게 미침을 보리이다." 직후, 요셉은 정을 억제하지 못해 형제에게 외쳤다. "내가 요셉입니다. 아버지는 살아계십니까?"

왜 이때 자신의 정체를 밝혔을까? 유다의 발언이 '화해reconciliation' 라는 연속극의 끝이었기 때문이다. 요셉은 '밉살스러웠던 형제들의 성품(부친의 고통은 아랑곳하지 않고 요셉을 노예로 팔아버린)이 이제는 바로잡혔다' 는 것을 확신할 수 있었다. 유다가 아버지와 베냐민을 구하기 위해 스스로 노예가 되겠다고 했으니 그는 아버지의 안위를 끔찍이 걱정했을 것이다.

22년 전에는 레아의 아들이자 형제들의 리더인 유다는 요셉(라헬의 아들)을 노예로 팔았으나, 지금은 막내 베냐민(라헬의 아들)을 위해 자신의 목숨을 걸었다. 그제야 요셉은 사건이 순환한다는 점과, 과거의 형제들이 아니라는 사실을 깨달았을 것이다. 따라서 "내 아버지" 에 초점을 맞춘, 요셉의 첫 마디는 유다의 마지막 말("내 아버지")에 이어진 것이다. 오래 전 아버지는 그들을 갈라놓았으나 지금은 형제를 뭉치게 한 원동력이 되었다. "내 아버지(אָבִי, 아비)"는 요셉과 형제를 잇는 교량이 된 셈이다.

또 다른 여정도 완결되지 않았나 싶다. 요셉이 심부름 차 먼 거리를 떠났을 때 그는 세겜 부근에서 형제를 찾고 있었다. 행인이 "누구를 찾느냐?"고 묻자 "형제를 찾습니다"라고 대꾸했는데, 그는 육신의 형제뿐 아니라 형제다운 성품을 찾았다고 해석할 수도 있다. 그렇게 본다면 요셉은 "누구를 찾느냐?(מִי תְּבַקֵּשׁ, 미 테바케쉬)"가 아니라 "무엇을 찾느냐?(מָה תְּבַקֵּשׁ, 마 테바케쉬)"에 대답했다고 할 수 있다. 결국 22년이 지난 지금, 그의 여정은 막을 내린다. 형제도 찾았고 형제다운 면모도 찾았으니 말이다.

요셉은 "네 이웃을 네 몸과 같이 사랑하라(레 19:18)"는 계명을 몸소 보여주는 인물이다. 자신에게 이웃이 있다는 점을 깨닫지 못하는 사람은 이 계명을 지킬 수가 없다. 평생 이웃이 보이지 않는다거나 아예 존재하지 않는다면 이웃 사랑은 탁상공론에 지나지 않을 것이다. 본문이 기록된 목적은 우선 이 땅에 타인도 공존한다는 것과, 인간의 본분은 이웃에 관심을 갖고 그를 돌보며 사랑할 수 있도록 노력해야 한다는 것을 일깨워주기 위해서다.

이 점이 요셉의 탄성을 뜻하는 것일까? 어쩌면 요셉은 부친의 생사를 물은 것이 아니라 탄성을 질렀다고 봐야 할지도 모른다.

> "아버지가 살아계신다는 것을 비롯하여, 당신께서 가르치셨던 사랑과 관심, 그리고 그것이 없다면 영원한 민족이 될 수 없다는 진리를 이제야 깨달았습니다."

따라서 "아버지가 살아계십니까?"가 아니라 "아버지는 살아계십니다!"로 해석해야 하지 않을까 싶다.

두 가지 물음을 항상 자문해보라.

1) '무엇을 찾고 있습니까?' 인생에서 가장 값진 것은 무엇이며, 모든 것을 포기할 수 있을 만큼 중요한 것은 무엇

인가?

2) '아버지가 살아계십니까?' 혈연적인 유산과 신성한 전통은 지금도 존재하며 성부 하나님은 나를 위해 살아계시는가? 이 가르침의 역할은 무엇인가?

긍정적으로 답할 수 있다면 의문은 기쁨의 탄성으로 변할 것이다. 모든 것을 잃었지만 아버지는 아직도 살아계신다!

11

내가 하나님을 대신할까요?/ 하나님이 누구인가?

11 내가 하나님을 대신할까요? / 하나님이 누구인가?

"요셉의 형제들이 그들의 아버지가 죽었음을 보고 말하되, 요셉이 혹시 우리를 미워하여 우리가 그에게 행한 모든 악을 다 갚지나 아니할까 하고, 요셉에게 말을 전하여 이르되 당신의 아버지가 돌아가시기 전에 명령하여 이르시기를 너희는 이같이 요셉에게 이르라 네 형들이 네게 악을 행하였을지라도 이제 바라건대 그들의 허물과 죄를 용서하라 하셨나니, 당신 아버지의 하나님의 종들인 우리 죄를 이제 용서하소서 하매, 요셉이 그들이 그에게 하는 말을 들을 때에 울었더라. 그의 형들이 또 친히 와서 요셉의 앞에 엎드려 이르되 우리는 당신의 종들이니이다.
요셉이 그들에게 이르되 두려워하지 마소서. 내가 하나님을 대신하리이까?"

— 『창세기(50:15~19)』

"그 후에 모세와 아론이 바로에게 가서 이르되, 이스라엘의 하나님 여호와께서 이렇게 말씀하시기를 내 백성을 보내라, 그러면 그들이 광야에서 내 앞에 절기를 지킬 것이니라 하셨나이다. 바로가 이르되 여호와가 누구이기에 내가 그의 목소리를 듣고 이스라엘을 보내겠느냐 나는 여호와를 알지 못하니 이스라엘을 보내지 아니하리라."

— 『출애굽기(5:1~2)』

이집트에서 울리는 음성:
내가 하나님을 대신할까요?
하나님이 누구인가?

이집트에서 두 가지 음성이 들린다. 하나는 이집트 총리 요셉의 음성이고 나머지는 이스라엘 민족을 노예로 부린 바로의 것이다. 둘은 서로를 모른다("요셉을 알지 못하는 새 왕이 일어나 애굽을 다스리더니")(출 1:8). 두 음성은 수세대를 거쳐 오늘날까지 이르는 쟁점으로, 각각 인간과 전능자의 관계를 둘러싼 신조credo를 대변한다.

부친 야곱이 세상을 떠나자 형제들은 이집트 총리가 된 요셉이 22년 전의 사건을 두고 복수심을 품을까 우려했다. 그러나 요셉은 이 모든 일이 하나님의 계획이었다고 밝히기에 앞서 "두려워하지 마소서. 내가 하나님을 대신하리이까?(창 50:19)"라고 덧붙였다.

요셉의 발언은 "하나님이 누구신가?"라는 바로의 물음과 대조를 이루고 있다. 바로는 자신이 신이라고 확신했으므로 다른 신은 안중에도 없었고, 행여 있다 해도 이를 진지하게 생각지 않았다. 또한 '다른 지역에 있는 신은 자신의 영토를 벗어나지 못한다'는 것이 바로의 선입견이었는데, 그렇다면 '내 땅에 들어와 노예를 해방시키라고 명령하는, 모세와 아론의 신은 대체 누구란 말인가?' 그렇다, 바로는 이집트에서 모든 신을 대신했다.

반면, 요셉은 하나님 외에는 신이 없으며, 인간은 권력에 관계없이 하나님의 자리를 대신할 수 없다는 것을 알고 있었다. 그뿐 아니라, 그는 필멸하는 인간에게 보복은 어울리지 않으며, 죄는 하나님만이 용서하실 수 있다고 생각했다.

라쉬는 다음과 같이 요셉의 말을 좀 더 확대해서 풀이했다.

> "일부러 저를 해코지했겠지만 하나님께서 그 의도를 은혜로 바꾸어주셨습니다. 내가 지금 복수한다면 하나님의 궁극적인 계획에 반기를 드는 꼴이 되겠지요. 내가 엘로힘(하나님)을 대신하겠습니까?"

요셉이 하나님을 사랑하는 마음은 두려움에 찬 형제를 격려하려는 발언뿐 아니라, 수년 전에 벌어진 사건에서도 엿볼 수 있다. 당시 바로는 몇 차례 꿈을 꾸었으나 이를 해석하는 사람은 없었다. 마침 그는 이집트의 지하 감옥에 수감된 히브리 청년이 꿈을 정확히 풀이한다는 사실을 듣고는 요셉을 불러들인다. "너는 꿈을 들으면 능히 푼다고 하더라(창 41:15)"는 말에 그는 "제가 아니라 하나님께서 편

안한 대답을 하실 것" 이라고 즉각 대답했다.

그때가 요셉의 인생에 가장 중요한 순간이었다. 젊은 죄수가 군주의 환심을 사고 자신의 독특한 능력도 아울러 각인시킬 수 있는 절호의 기회였으니 말이다. 그러나 요셉은 하나님의 공로를 가로채지 않았다.

따라서 기억에서 사라진 쓸쓸한 죄수였을 때나, 두려움의 대상이던 이집트 총리였을 때나 하나님을 섬기려는 요셉의 신앙은 상황에 관계없이 확고부동했다. 그뿐 아니라, 요셉은 외모도 출중하여 그가 탄 병거가 거리를 지날라치면, 이집트 여성들은 관심을 받고자 난간 꼭대기에 서서 그에게 보석을 던졌다고 한다(『창세기(49:22)』를 풀이한 라쉬의 주석 참고). 이처럼 요셉은 권력과 매력을 겸비했기에 마음만 먹으면 얼마든지 거만해질 수 있었다.

자신을 드러내지 않는 요셉의 물음은 바로의 거만을 치료할 해독제였을 뿐 아니라, 부친 야곱의 발언에 대한 대답이기도 했다. 『창세기(30:2)』를 보면, 요셉이 태어나기 훨씬 전에도 같은 히브리 어구가 등장하는데, 본문에서 자식이 없던 라헬은 야곱에게 다음과 같이 성토한다.

> "내게 자식을 낳게 하라. 그렇지 아니하면 내가 죽겠노라. 야곱이 라헬에게 성을 내어 이르되 그대를 임신하지 못하게 하시는 이는 하나님이시니, 내가 하나님을 대신하겠느냐?"

본문에는 없으니 야곱과 라헬사이에 불거진 논쟁을 두고는 상상력에 맡기는 수밖에 없다. 아이를 갖고 싶어 하는 것은 라헬뿐 아니라 야곱도 마찬가지였다. 그는 레아가 아니라 라헬을 위해 라반의 집에서 수년간 일을 도왔다. 이스라엘의 운명이 라헬의 자손에게 달려있다는 사실을 일찍이 알고 있었기 때문이다. 따라서 이 같은 부부싸움은 앞선 논쟁의 정점이 되었다. 즉, 라헬은 (절박한 심정으로) 하나님의 사람이자 당신의 임재를 체험했던 남편이 하나님께 자신의 사정을 이야기해달라고 당부했다. 그러자 야곱은 끊임없이 그녀를 위해 기도했지만 번번이 거절되었다며 그가 할 수 있는 일은 없다고 잘라 말했다. 그가 창조주 하나님은 아니라면서 말이다.

그의 입장을 이해하지 못하는 것은 아니지만 성경은 그가 화를 냈다고 증언했다. 따라서 야곱은 가뜩이나 힘든 라헬의 가슴에 멍 자국을 남겼을 것이다. 랍비들도 야곱의 태도에는 분명 문제가 있다고 지적한다(창세기 라바 71:7).

라헬이 두 아들을 낳았으나 야곱의 말은 사라지지 않았다. 허공을 다니며 상처와 고통으로 얼룩진 가운데 고동치고 있었다. 완화되거나 달라질 기미는 전혀 보이지 않았다. 그러나 야곱과 라헬의 아들 요셉이 이를 바로잡고, 비난의 자리에서 끌어내리고, 사랑의 마음으로 입을 열자 곧 회복되었다.

같은 음절과 어구와 소리도 같지만 어떻게 말하느냐에 따라 상처가 될 수도 있고 치료제가 될 수도 있다.

요셉의 겸손("내가 하나님을 대신하겠습니까?")과 바로의 거만("하나님이 누구신가?")은 상극인 메아리로 두 세계관을 상징한다. 즉, 요셉의 발언은 수세기간 창조주의 권위를 세우고 시공을 초월하여 두루 퍼진 반면, 바로의 망언은 요셉의 것과 대비되며 나란히 공명한다.

바로와 요셉은 고대 이집트의 위대한 리더로 손꼽히며, 하나님을 둘러싼 이념을 대변하는 모델이기도 하다. 바로는 자신이 만물의 주인이라고 확신하기에 그의 판테온에는 다른 신이 개입할 공간이 없다. 그러나 요셉에게는 판테온이 없다. 하나님만이 유일한 신이며 신을 자처하는 인간은 바보일 뿐이기 때문이다.

바로가 던진 물음의 위력을 축소해서는 안 된다. 군사와 병거가 수장되었을 때도 그 영향력은 끝나지 않았다. 그 위에 존재하는 하나님을 거부하려 했던 바로의 근본은 수장되거나 파괴되지 않고 세상과 각 사람에게 내재되어 있다.

하나님은 각 개인의 영역을 얼마든지 침투하실 수 있다는 점을 시인해야 한다. 그러나 우리는 이를 마지못해 받아들이는 이론theory으로 간주할 뿐이다. 사람은 자신의 한계를 벗어나려고 끊임없이 몸부림치는데, 개인뿐 아니라 집단이나 민족도 그렇다.

"하나님이 누구신가?"라는 발언은 쓰이는 상황은 다르지만 의미는 늘 같았다. 즉, 내가 나의 주인이니 누구도 내 처신을 두고 왈가왈부할 권리가 없다. 내 몸과 마음은 내가 주인이며 욕망과 취향도 그렇다. 하나님이 위대하다는 것은 알겠지만 당신이 개인의 영역을 침범한다거나 권리에 개입해서는 안 된다. 설령 하나님이 존재한다 해도 그는 내 영역에 들어올 수 없으며 내 삶에 '감 놔라 대추 놔라' 해서는 안 된다는 얘기다.

인류의 역사만큼이나 오래된 이야기가 있다. 하와에게 속삭이는, 간교한 뱀의 말에 귀를 기울여보라. 하와가 "동산 중앙에 있는 나무 과실은 먹을 수 없다"고 하자, 뱀은 이렇게 대꾸한다. "너희가 그것을 먹는 날에는 눈이 밝아져 하나님과 같이 되어 선악을 알 줄 하나님도 아신단다."

뱀의 말은 이해하기가 쉽지 않다. 무슨 뜻으로 한 이야기일까? 그리고 "선과 악을 안다는 것"은 무엇일까? 그는 선과 악, 옳고 그름이 인생의 핵심이라는 것을 밝히고 있다. 선은 빛과 즐거움과 환희로, 악은 어둠과 비극과 파괴로 이어진다. 또한 이를 깨닫고, 그 차이를 구별할 수 있는 사람은 인류에 무한한 위력을 발휘할 수 있을 것이다. 우리의 언행이 선한지 옳은지, 악한지 그른지 판단할 수 있는 자는 그밖에 없기 때문이다.

그렇다면 선은 무엇이고, 악은 무엇인가? 이 둘은 떼려야 뗄 수 없을 만큼 서로 얽히고설킨 데다, 그 경계 역시 모호하므로 인간은 그 둘을 구별하거나 정의할 수 없다. 하지만 그런 지식과 판단력을 겸비한 자가 있다면 그는 인생의 비밀을 손에 쥔 셈이다. 현재 이 비밀과 지식은 하나님의 손에 들려있다. 주님만이 선과 악을 결정하신다.

하지만 뱀은 속삭인다. "너도 그 지식을 가질 수 있단다. 그렇게만 된다면 엄청난 위력은 바로 네 것이 되고, 너는 하나님처럼 될 거야. 무엇보다도, 하나님이 아니라 너만이 선과 악, 그리고 옳고 그름을 판단할 수 있을 것이고, 누구도 네게 이러쿵저러쿵 훈계하지 못할 거야. 네 행동은 네가 결정할 수 있으니까. 네가 선과 악을 아는 하나님이 될 테니 너는 자기본위적인, 하나님의 계명에서 이제 졸업할 수 있단다. 열매를 먹으면 네 인생은 네가 좌우할 수 있게 된다."

하와에게 자율autonomy은 '구미가 당기는delicious' 미끼였다. 자신을 스스로 다스리고 하나님의 간섭에서 해방되며 주님의 통치에 도전장을 낼 수 있으니 말이다. 어떻게 처신하고 살아야 하는지, 결정권은 당신에게 있으며 누구도 이를 왈가왈부할 수 없다.

하와가 자율과 자유와 독립을 쉽사리 거절할 수는 없어 보인다. 무한한 가능성에 판단력이 흐려진 하와는 열매를 먹고 나서 이를 아담에게도 주어 먹게 했다. 결국에는 열매도 그렇지만, 자유를 향한 열렬한 소욕도 그들과 인류의 일부가 되었다.

따라서 바로는 "하나님이 누구기에 내가 그의 말을 들어야 하는가?" 라며, 금단의 열매로 인류에 이식된 자율과 독립 및 반항을 부지중에 표현하고 있는 것이다.

그는 하나님이 누구인지도 모를 뿐 아니라 주를 의식할 수도, 그분의 말씀에 순종할 의사도 없었다. 그런 탓에 하나님은 10가지 재앙에서 홍해를 건널 때까지 바로의 질문에 친히 대답하셨다. 즉, 하나님은 바로가 당신의 존재를 스스로 깨닫게 하신 것이다. 이 같은 주제는 여러 차례 반복된다.

- "내가 내 손을 애굽 위에 펴서 이스라엘 자손을 그 땅에서 인도하여 낼 때에야 애굽 사람이 나를 여호와인 줄 알리라 하시매(출 7:5)"

- “왕에게 우리 하나님 여호와와 같은 이가 없는 줄을 알게 하리니(출 8:10).”
- “이 땅에서 내가 여호와인 줄을 네가 알게 될 것이라(출 8:22).”
- “세상이 여호와께 속한 줄을 왕이 알리이다(출 9:29).”
- “너희는 내가 여호와인 줄을 알리라(출 10:2).”

바로의 신학은 현대적인 개념과 비슷하다. 예컨대, 현대인은 하나님을 믿고 당신께 기꺼이 순종한다. 어느 정도는 그런다. 사실, 우리는 개인의 영역을 정해둔 선(자유)을 기준으로 하나님이 이를 침범하지 않을 때만 주님의 말씀에 귀를 기울이고, 내 자율권을 빼앗지 않는 한도 내에서만, 인생에 참견하지 않을 때만 주님을 하나님으로 인정한다.

인간의 정욕과 하나님의 계명 사이에 빚어진 갈등은 끝날 기미가 보이지 않는다. “인간에게는 자신을 다스리는 주권이 있다”는 인간의 주장과, “인간 외에 창조주가 존재한다”는 하나님의 주장이 대립하고, ‘조건부 신앙을 표방’

하는 인간과, '조건을 따지면서 하나님을 인정하는 것은 아무런 의미가 없다' 는 창조주가 대립하고 있다.

인간의 본성이 그렇다. 자아가 내면에 들어차있으면 하나님이 들어설 자리가 없고, 오만과 자만심을 떨쳐버릴 때에야 비로소 하나님은 마음에 들어와 좌정하실 수 있다.

바로는 약 4000년 전에 살았으나 그의 망언은 아직도 많은 사람들의 가슴속에 울려 퍼지고 있다. 그들은 상대가 누구든 어떤 권위도 인정하지 않는다. 마치 신처럼 자신을 다스리려 할 뿐 아니라, "하나님이 누구신가?" 물으며 제멋대로 살 권리를 주장하고 있다.

반면, 요셉의 말에 동조하는 이들은 자신의 본분과 하나님의 역할을 잘 알고 있다. 아울러 인간에게는 창조와 파괴의 위력이 있다는 것과, 무언가를 세우기도, 헐기도 하고, 생명을 창조할 뿐 아니라 이를 앗아갈 수도 있으며, 천사보다 조금 못하다는 사실도 이미 파악하고 있다. 하지만

이 같은 위력에도 그들은 하나님이 될 수 없다는 것을 인정한다. 하나님은 섬김의 대상이며 그들이 왕으로 추대할 각오가 되어있기 때문이다.

"내가 하나님을 대신하리이까?"

"나는 신이 아니다"와 "나는 신이다"라는 두 목소리와 세계관이 여전히 대립하고 있다. 각자의 미래는 문명의 미래와 마찬가지로 어느 세계관을 선택하느냐에 따라 결정될 것이다.

12

나는 누구인가?

12 나는 누구인가?

이제 가라. 이스라엘 자손의 부르짖음이 내게 달하고, 애굽 사람이 그들을 괴롭히는 학대도 내가 보았으니, 이제 내가 너를 바로에게 보내어 너에게 내 백성 이스라엘 자손을 애굽에서 인도하여 내게 하리라. 모세가 하나님께 아뢰되 내가 누구이기에 바로에게 가며 이스라엘 자손을 애굽에서 인도하여 내리이까?

— 『출애굽기(3:9~11)』

자긍심에서 우러난 겸손:
내가 누구입니까?

하나님께서 떨기나무 불꽃 가운데서 모세에게 "이집트로 돌아가 이스라엘 백성을 해방시키라" 고 명령하시자 모세는 난색을 보였다.

"내가 누구이기에 바로에게 가겠습니까?(출 3:11)"

지극히 겸손한 발언으로 들린다. '보잘것없는 제가 어찌 그런 막중한 사역을 감당할 수 있겠나이까?' 그러나 "미 아노히, מִי אָנֹכִי(내가 누구입니까?)" 에는 겸손을 초월한 의미도 담겨있다. 다윗 왕도 『사무엘하(7:18)』에서 위대한 사역에 부름 받을 때 이 같은 말(מִי אָנֹכִי, 미 아노히)을 했다

또한 『사무엘상(18:17)』에서 다윗도 사울 왕이 딸 메랍을 아내로 주겠다고 제안했을 때 "내가 누구기에" 라며 같은 말로 대답했다.

어찌 보면 본문은 자아성찰을 요구하는 물음으로 읽을 수도 있다. 즉, '나는 정말 누구며,' '무엇으로 이루어졌는가?' 처럼 말이다. 그러려면 가면은 모두 벗고 냉철한 시각과 타협을 모르는 솔직한 심정으로 자신을 볼 수 있어

야 한다. 이 물음은 역사의 협곡을 따라 지금도 울려 퍼지고 있다.

예컨대, 리브가는 이삭에게 "이 사람이 누구냐?" 고 물었다(창 24:65).

시력이 약하고 나이 많은 이삭은 아들에게 "아들아, 네가 누구냐?" 고 물었고(창 27:18) 야곱은 죽기 전에 요셉의 아들을 두고 "이들은 누구냐?" 고 물었다(창 48:8).

또한 하나님은 발람에게 "이 사람들은 누구냐?" 고 물으셨으며(민 22:9), 여호수아는 기브온 사람들에게 "너희는 누구인가?" 라고 물었으며(수 9:8), 사울은 젊은 다윗에게 두 번이나 "이 젊은이는 누구의 아들인가?" 물었으며(삼상 17:56, 58) 전장의 젊은 아말렉을 두고는 "너희들은 누구냐?" 고 물었다(삼하 1:8).

이는 피할 수 없는 물음으로 성경 곳곳에서 들리며 우리 각자에게 묻는 것으로 풀이할 수도 있다. 즉, 자신의 정체성을 묻는 것을 회피하지 말고 정체성의 중요성을 의식해야 한다는 이야기다.

여러분은 누구며 나는 누구인가? 나는 이웃 및 하나님과의 관계에서 개방적인가, 폐쇄적인가? 인심은 후한가, 이기적인가? 베풀려하는가, 받으려하는가? 솔직한가, 둘러대는 편인가? 나는 친절하고 인정이 많은가, 아니면 야비하고 까칠하며 완강한가? 나는 부지런한가, 게으른가? 정열적인가, 나태한가? 나를 중심에 두는가, 남을 중심에 두는가? 남을 위해 무엇을 할 수 있는지 고민하는가, 아니면 남이 나를 위해 무엇을 할 수 있는지 고민하는가? 인내하는가, 충동적인가? 남에게 솔직한가? 나 자신에게도 그러한가? 낙천적인가, 비관적인가? 사랑을 주고받을 수 있는가? 시기와 질투와 증오를 품고 있는가? 남을 이해하려고 애쓰는가? 아무 이유도 없이 남을 싫어하는가? 남의 티는 잘 보나 나의 들보는 깨닫지 못하는가? 하나님을 믿는가, 믿지 않는가? 나는 믿음직한가, 미덥지 못한 사람인가? 경사스러운 날에만 하나님을 찾는가, 궂은 일이 있을 때만 하나님을 찾는가? 영적으로 성숙하려고 노력하는가, 독선적인 곳에 나 자신에 대해 만족하는가?

자아성찰은 고통이 따르는 연습이지만, 정직하게 완수하면 마음이 정결해져 세상과 나 자신을 대면할 각오가 사뭇 달라질 것이다. 자기반성은 인간적이면서도 거룩한 자아가 되는 데 도움이 되는 강력한 무기이기 때문이다.

"나는 누구인가?" 에 담긴 또 다른 의미가 있다면 사람은 단지 살과 뼈로 이루어져있을 뿐 아니라 하나님이 지으신 '걸작' 이라는 것이다. 인간은 하나님의 영을 품고 있으며, 흙으로 창조되었으나 흙덩이 이상의 존재다. 또한 피조물을 해하고, 불구로 만들고, 파괴할 수도 있는 하나님의 피조물이면서도(당신의 형상으로 창조되었다) 선한 성품을 갖고 있기도 하다. 아브라함과 이삭 및 야곱의 유전자가 우리 육체와 영혼에 깃들어있기 때문이다. 창조주 하나님은 인간을 굳게 믿으셨기에 성경을 주셨고 세상을 맡기셨다.

"나는 누구인가?"는 위대한 영적인 경지에 이를 수 있는 잠재력의 원천이기도 하다. 자긍심은 부정적인 성품이 아니다. 허탈과 공허 위에 세운, 그릇된 자만은 파괴를 불러일으키지만 자아성찰과 궁극적인 목적에 기반을 둔 자긍심은 영성이 성숙하는 데 강력한 원동력이 된다.

여기서 자아 정체성의 세 번째 단계가 이어진다. "내가 누구이기에"는 겸손이 묻어나는 말이다. '내가 누구라고 이스라엘 백성을 이집트에서 인도해낸단 말씀이십니까? 좀 더 그럴듯한 사람을 선택하소서.'

이 같은 물음은 평범한 사람에게도 가슴에서 우러나온다. "제가 누구관대 하나님의 자비를 받을 수 있습니까? 내가 누구이기에 하나님이 그토록 많은 복을 내리십니까? 제겐 그럴 자격이 없습니다."

그러나 겸손이 그리 단순한 덕목은 아니다. 중요하지만 조심스레 다뤄야 하기 때문이다. 이를테면, 위대한 업적을 이루는 잠재력을 흐리거나, 영성이 부족하다는 점을 정당화한다거나 혹은 의심과 자책으로 전락한다면 겸손은 부정적인 결과를 초래할지도 모른다. 특별한 재능과 성품과 자질이 하나님께 받은 것이라는 점을 시인하고, 이를 베푸신 하나님께 인정을 받으려고 노력한다면 '자신에게 탁월한 재능이 있다' 는 생각은 자만이나 오만이 아니라 진정한 겸손으로 봐야 마땅할 것이다.

요컨대, 겸손은 자아비판과는 개념이 다르다. 역사상 가장 겸손한 인물로 손꼽히는 모세는 자신에게 위대한 자질이 있다는 것을 알았지만, 그것이 자신의 업적이 아니라 하나님의 선물이라는 것을 일찌감치 깨달았다. 모세가 어깃장을 놓으려는 이스라엘 백성에게 두 번씩이나 "우리가 누구인가?(출 16:7~8)" 물은 것은(그와 아론이 보잘것없고 대수롭지 않은 존재라는 의미) 자존감을 깎아내리는 발언은 아니었다. 이를테면, 그의 정체가 무엇이든(지도자든, 선지자든, 몽상가든) 본질적으로는 아무것도 아니지만, 하나님의 선물이라는 점도 외면할 수는 없기 때문이다.

히브리어 '아나브(עָנָיו, 겸손하다)'를 주의 깊게 살펴보자. 구약성경은 '아나브'를 써서 모세를 소개했다("이 사람 모세는 온유함이 지면의 모든 사람보다 더하더라(민 12:3).") '아나브'는 '가난하다(עָנִי, 아니)'에서 파생된 말이다. 즉, 자신이 보기에 가난하고, 남에게 소유를 주장할 것이 없으며, 하나님이 없는 자신은 아무것도 아니라는 사실을 아는 사람이 진짜 겸손한 사람이라는 얘기다. 그는 세상과 모든 만물의 시종에 자신이 있다는 사람과 상극을 이룬다. 겸손은 모세와 하나님을 연결해준 최고의 자질이기도 하다. 모세에게 자신은 무가치한 존재지만 하나님은 가장 중요한 존재였다.

자신의 역량과 잠재력을 의식하면서도 자기를 내세우거나 교만하지 않는 성품이 모세가 겸손의 화신이 된 비결이었다.

사람이라면 누구나 겸손하면서도 자신의 본질과 자아에 자긍심을 느낄 수 있다는 말인가? 그렇다. 우리에게도 창조주 하나님 못지않은 자질이 숨어있다. 랍비 요하난은

"거룩하신 하나님의 위대한 성품을 발견하는 곳에서 주님의 겸손도 찾을 수 있을 것"이라고 주장하고는(탈무드, 메길라 31a), 하나님의 위엄과 겸손을 동시에 느낄 수 있는 구약성경 본문을 덧붙였다.

> "너희의 하나님 여호와는 신 가운데 신이시며 주 가운데 주시오, 크고 능하시며 두려우신 하나님이시라. 사람을 외모로 보지 아니하시며 뇌물을 받지 아니하시고(신 10:17)' 에서 '고아와 과부를 위하여 정의를 행하시며 나그네를 사랑하여 그에게 떡과 옷을 주시나니(신 10:18).' 로 이어진다."

랍비 힐렐 또한 겸손의 모델로, 겸손이라면 모세와도 견줄 만했다. 그는 세상을 떠났을 때 주변으로부터 "오 아나브, 오 하시드(אוֹ עָנָיו, אוֹ חָסִיד, 경건한 자)"라는 칭송을 받았다(예루살렘 탈무드 소타 9:13, 45b; 샤바트 31a). 그러면서도 자신을 두고는 "내가 여기 있으면, 모두가 있는 것과 같다(수카 53a)"고 주장하기도 했다.

미쉬나(산헤드린 37a)는 각자의 개성과 중요성을 두고 다음과 같이 언급했다.

> "이스라엘의 한 영혼을 파괴하는 자는 누구든 전 세계를 파괴한 것과 같고, 이스라엘의 한 영혼을 보호하는 자는 전 세계를 보호한 거라고 성경은 이야기한다. 하나님은 첫 사람의 특징으로 인류를 설계하셨으나 서로 닮은 쌍은 하나도 없다. 따라서 세상은 나를 위해 창조되었다고 봐야 한다."

겸손은 쉽게 왜곡할 수 있다. 탈무드(기틴 56a)는 현인의 삐뚤어진 겸손이 성전의 파괴로 이어진 경위를 기술했다. 왜곡된 겸손의 사례는 사무엘 선지자의 발언에서도 엿볼 수 있다. "왕이 스스로 작게 여길 그 때에 이스라엘 지파의 머리가 되지 아니하셨나이까? 여호와께서 왕에게 기름을 부어 이스라엘 왕을 삼으시고 ……(삼상 15:17)"

'나는 누구인가?(מִי אָנֹכִי, 미 아노히)' 에서 '아노히(אָנֹכִי, 나)'

는 주의 깊게 살펴볼 필요가 있다. 열 마디 말씀 중 첫 번째를 생각해보자. "나는 너희를 애굽에서 인도해낸 여호와 하나님이다"에서 '아노히, אָנֹכִי'는 하나님 자신을 일컫는 말이다.

그렇다면 우주에 유일한 '아노히, אָנֹכִי'가 한분이라면 누가 자신을 두고 '아노히'라 할 수 있겠는가? 자신이 신이라고 착각한 바로는 "내가 누구인가?"라 하지 않고 "하나님이 누구신가?"라고 물었다. 신의 권위를 주장하는 제3자와의 경쟁은 허용치 않겠다는 이야기다. 그러나 우리에게 '아노히, אָנֹכִי'는 이스라엘을 이집트에서 인도하신 하나님 한분 밖에 없다. 인간은 당신의 형상대로 창조되었으나, '아노히, אָנֹכִי'의 축소판miniature이자 유일하신 하나님의 복제품일 뿐이다.

궁극적인 물음에 어떻게 답변해야 할지("진정한 아노히[אָנֹכִי]는 한분입니다") 안다면 다른 의문은 쉽게 풀릴 것이다. 우리는 유일하신 하나님을 의식할 때만이 당신의 피조물인 자신을 바르게 성찰할 수 있으며 진정한 겸손과 자부심을 이해할 수 있을 것이다.

나는 누구인가? 아무것도 아니다.

나는 누구인가? 세상의 전부다.

13

왜 이 백성에게 악을 보내셨습니까?

13 왜 이 백성에게 악을 보내셨습니까?

"모세가 여호와께 돌아와서 아뢰되 주여 어찌하여 이 백성이 학대를 당하게 하셨나이까? 어찌하여 나를 보내셨나이까? 내가 바로에게 들어가서 주의 이름으로 말한 후로부터 그가 이 백성을 더 학대하며 주께서도 주의 백성을 구원하지 아니하시나이다(출 5:22~23)."

— 『출애굽기(14:11)』

바위틈에 숨은 신비:
왜 이 백성에게 악을 보내셨습니까?

하나님은 떨기나무 불꽃 가운데서 모세를 이스라엘 백성의 지도자로 삼으시고 그들을 이집트의 속박에서 구원하라고 명령하셨다. 그러나 모세는 이를 반대했다. "하나님, 제발 다른 사람을 찾으십시오. 저는 보잘 것 없는 사람인지라 그럴 위인이 못됩니다. 게다가 말도 어눌할 뿐 아니라, 백성들이 뭐가 아쉬워서 저도 모르는 사람을 따르겠습니까? 형 아론이 훨씬 낫습니다."

하나님이 뜻을 굽히지 않으시자, 모세는 달리 도리가 없었다. 결국 그는 사명을 떠안게 된다.

그러나 모세가 바로에게 해방을 요구할수록 백성의 부담과 고통은 되레 가중되고 말았다. 급기야는 벽돌을 만들 짚도 얻을 수가 없게 되자 이스라엘은 모세에게 불만을 토로했다.

다시 하나님을 찾은 모세는 "제가 백성을 구원하는 데 도움이 될 거라고 약속하셨지만 그럴 때마다 상황은 더 악화되고 있습니다"라고 하소연하며, 주님께 무례한 질문을 던진다. "어찌하여 이 백성이 학대를 당하게 하셨나이까? 어찌하여 나를 보내셨나이까? 이건 약속이 다르지 않습니까? 이럴 줄은 정말 몰랐습니다. 상황이 하나님의 말씀과는 정반대로 흘러가고 있으니 말입니다."

'라마(לָמָּה, 왜)' 는 '무슨 목적으로(for what purpose)?' 와 '무슨 까닭에(for what reason)?' 로 통할 때도 있다. 반항적인 뉘앙스가 살짝 묻어나긴 하나(하나님을 비난하는 것처럼 들린다) 백성을 사랑하는 마음에서 우러난 물음으로 봐야 옳을 것이다.

사상 처음으로 하나님의 정의를 두고 왈가왈부한 사람은 모세가 아니었다. 사실, 모세는 수세기 전, 소돔 주민의 대변자를 자처한 아브라함의 물음을 반복했을 뿐이다(창 18:23).

그렇다고 해서 두 입장이 비슷하다는 것은 아니다. 아브라함의 물음은 분노와 탄식을 표출한 것이 아니라 협상에 가까웠기 때문이다. 물론 아브라함은 하나님의 부당한 처사와, 무고한 의인이 악인과 함께 죽어야 한다는 사실을 방관할 수가 없었다(모세보다는 훨씬 덜 직설적으로 대화가 오고갔다). 그는 "세상을 판단하시는 당신께서 어찌 그런 부당한 생각을 하실 수 있단 말입니까?"라며 따지지 않았고 애원과 의구심을 표출했을 뿐이다. "세상을 심판하시는 분이 정의를 행하지 않겠습니까?" 공의의 하나님은 정의를 행하실 테니 주님이 부당하다는 것은 어불성설이라는 이야기를 돌려 말한 것이다.

그러나 모세의 물음은 매우 과감하고 무모한 탓에 "온유함이 지면의 모든 사람보다 더하더라(민 12:3)"라고 기록된 그 사람이 맞는지 의심이 들지도 모르겠다. 모세는 온유하지도 않은 데다, 아브라함처럼 "한 가지만 더 질문하겠사오니, 불쾌히 여기지 마시옵소서"라며 용서를 구하거나 겸허한 태도를 보이지도 않았다.

아브라함이 주님 앞의 종이라면, 모세는 왕 앞에 선 왕자라고 해야 얼추 맞을 듯싶다(이렇게 말해도 좋을지는 모르겠지만). 그 둘은 하나님께 이의를 제기했으나 한쪽은 베일에 살짝 가려졌고 다른 한쪽은 다듬지 않아 매우 거칠었다.

물론 아브라함의 형편과 정황이 다르다는 점에서 모세의 발언에 대한 놀라움은 좀 누그러들지 싶다. 예컨대, 아브라함의 물음은 하나님의 계획(소돔성의 멸망)과 직결되었으나, 모세의 물음은 이미 벌어진 사건(이스라엘 백성의 열악한 환경)에 주안점을 두었다. 아브라함은 소돔성이 멸망한 것을 직접 보진 못했으므로 아직 일어나지도 않은 사건에 마음이 아프진 않았을 것이다. 단지 이를 지켜보고만 있을 수는 없다고 판단했겠지만, 모세는 가중되는 핍박을 직접 목격했고 백성의 원성을 듣고는 가책을 느꼈다.

아브라함은 알지도 못하는 사람들과 연고도 없는 소돔성 문제로 협상을 벌였다. 반면, 모세는 혈족이자 자신이 구원해야 할 이스라엘을 위해 간구했고 아울러 고통과 번민이 함께 자리를 잡았다.

> 얼마 후, 모세는 광야에서 끊일 기미가 보이지 않는, 이스라엘 백성의 절망과 원성에 지도자의 부담을 없애달라고 간구했다. 성경에서 '라마, לָמָּה' 보다 더 절박하고 갈급한

심정을 표현한 말은 없다. "모세가 여호와께 여짜오되 어찌하여(לָמָה, 라마) 주께서 종을 괴롭게 하시나이까? 어찌하여 내게 주의 목전에서 은혜를 입게 아니하시고 이 모든 백성을 내게 맡기사 내가 그 짐을 지게 하시나이까? 이 모든 백성을 내가 배었나이까? 내가 그들을 낳았나이까? 어찌 주께서 내게 양육하는 아버지가 젖 먹는 아이를 품듯 그들을 품에 품고 주께서 그들의 열조에게 맹세하신 땅으로 가라 하시나이까? 이 모든 백성에게 줄 고기를 내가 어디서 얻으리이까? 그들이 나를 향하여 울며 이르되 우리에게 고기를 주어 먹게 하라 하온즉, 책임이 심히 중하여 나 혼자는 이 모든 백성을 감당할 수 없나이다. 주께서 내게 이같이 행하실진대 구하옵나니 내게 은혜를 베푸사 즉시 나를 죽여 내가 고난당함을 내가 보지 않게 하옵소서(민 11:11~15)."

모세의 번민과 고뇌는 손에 잡힐 듯 분명히 느껴진다. 그러나 애를 끓는 고통과 비애를 떠나, 한 가지 분명한 사실은 하나님과의 관계가 돈독해야만(자식이나 부모) 속내를 허심

탄회하게 밝힐 수 있다는 것이다. 다음 장을 보면 하나님의 입장에서 모세가 다른 선지자와 어떻게 다른지 기록되어있다.

> "너희 중에 선지자가 있으면 나 여호와가 환상으로 나를 그에게 알리기도 하고 꿈으로 그와 말하기도 하거니와, 내 종 모세와는 그렇지 아니하니 그는 내 온 집에 충성함이라. 그와는 내가 대면하여 명백히 말하고 은밀한 말로 하지 아니하며 그는 또 여호와의 형상을 보거늘 너희가 어찌하여 내 종 모세 비방하기를 두려워하지 아니하느냐?(민 12:6~8)"

모세도 부모에게서 태어난 보통 사람이다(출 2:1~2). 좌절하거나 절망할 때도 있지만 창조주 하나님과의 관계를 두고는 타의 추종을 불허할 만큼 위대한 인물이었다("그와는 내가 대면하여 명백히 말하고 은밀한 말로 하지 아니하며 ……).

수년 후, 또 다른 지도자도 모세처럼 '라마, לָמָּה' 를 붙여 물었다는 점도 눈여겨볼 필요가 있다. 『사사기(6:12)』에서 기드온은 미디안 사람에게 들키지 않으려고 밀을 포도주 틀에서 타작하고 있었다. 하나님의 천사가 그에게 "큰 용사여 여호와께서 너와 함께 계신다"고 이야기하자, 그는 즉시 "오 나의 주여, 여호와께서 우리와 함께 계시면 어찌하여(לָמָה, 라마) 이 모든 일이 우리에게 일어났나이까? 또 우리 조상들이 일찍이 우리에게 이르기를, 여호와께서 우리를 애굽에서 올라오게 하신 것이 아니냐 한 그 모든 이적이 어디 있나이까? 이제 여호와께서 우리를 버리사 미디안의 손에 우리를 넘겨주셨습니다"라고 대답했다.

기드온의 냉정한 하소연에는 모세의 쓰라린 번민이 담겨있다. 두 지도자에게는 좌절과 고통이라는 부담을 짊어진 데다, 에두르지 않는 대담한 어조로 자신의 속내를 털어놓을 수 있었다는 공통점이 있다.

그런데 놀라운 사실은 이처럼 과감한 태도에도 하나님은 노하지 않으시고 은혜와 관용을 베푸셨다는 것이다.

하나님의 공의와 악evil, 비극과 고뇌를 둘러싼 인간의 물음은 수세기간 지속되어왔다. 하나님, 어찌하여 이 같은 비극을 허락하셨나이까? 무엇 때문에, 무슨 목적으로 무고한 백성이 죽어야 하며 젊은 부모들이 고통과 고뇌로 괴로워해야 합니까? 저는 하나님을 믿고 신뢰합니다. 하나님께 희망을 걸어보건만 왜 이런 시련을 허락하시나이까?

다윗 왕은 『시편(77:7~9)』에서 '물음표를 붙여가며' 비통한 심정을 노래했다.

> 나의 환난 날에 내가 주를 찾았으며 밤에는 내 손을 들고 거두지 아니하였나니 내 영혼이 위로 받기를 거절하였도다…….

주께서 나를 영원히 버리실까?
다시는 은혜를 베풀지 아니하실까?
그의 인자하심은 영원히 끝났는가?
그의 약속하심도 영구히 폐하였는가?

하나님이 그가 베푸실 은혜를 잊으셨는가?

노하심으로 그가 베푸실 긍휼을 그치셨는가?

『시편(88:14)』에서도 이와 같은 대목이 나온다.

“여호와여 어찌하여(לָמָּה, 라마) 나의 영혼을 버리십니까?”

‘세상에는 눈물이 왜 그리 많습니까? 하나님께서는 햇볕이 따스하고 뭉게구름에 바람이 없는 쾌청한 날과 푸른 잔디, 향긋한 장미, 평화와 사랑, 웃음과, 해맑게 뛰어노는 아이들로 가득한 세상을 창조하실 수도 있으셨을 텐데요.’

‘왜 악이 세상을 잠식하게 내버려두십니까? 무슨 목적으로 그러시는 겁니까? 물론 뭔가 원대한 섭리가 있고 그렇게 된 까닭이 있을 거라고 믿습니다. 저는 하나님을 신뢰합니다. 우주는 황량한 불모지가 아니며, 무소부재하신 하나님은 친히 저를 인도하시고 필요를 해결해주실 것입니다. 그러나 주님은 당신의 뜻을 밝혀내고 만상의 본질을 꿰뚫고 싶어 하는 마음도 창조하셨습니다. 제 궁금증을 풀어줄 해답은 분명 있을 것입니다. "왜냐하면 ……"으로 시작하는 힌트가 어딘가에는 존재할 것입니다. 물론 유한한 자아가 영원하신 하나님의 뜻을 이해할 수는 없으며, 잠깐 보이다 없어지는 안개 같은 인간이 궁극적인 '까닭'을 알 길은 없겠지요. 그러나 근본적인 이유를 둘러싼 파노라마를 조금이나마 이해할 수 있다면, 불투명한 커튼을 조금만이라도 들춰볼 수 있다면 고통은 좀 수그러들 것입니다. 설령 고통을 감내해야 하는 이유를 모른다 해도, 하나님의 섭리를 위해 시련을 겪는다는 것을 깨닫는다면 그것으로 만족합니다.'

고난과 죽음은 세상을 이루는 핵심요소지만 인간은 그것이 존재하는 이유를 알 수 없다. 필자가 인정하고 아는 바는 여기까지다. 하지만 왜(לָמָּה, 라마) 그래야할까? 내 물음을 두고는 완벽한 답을 알 수 없겠지만 그래도 물을 생각이다. 호기심을 발동하고, 묻고, 의미와 목적을 찾는 것이야말로 내주하시는 하나님의 필수 요소이기 때문이다. 하나님을 믿고 신뢰하지만, 그렇다고 묻지도, 연구하지도 않는다면 인간미가 떨어질 것이다.

'라마, לָמָּה'는 『출애굽기(32:11)』에도 등장한다. 금송아지 사건 이후, 하나님께서 이스라엘 백성을 진멸하시겠다고 선포하자 모세가 '라마, לָמָּה'를 외쳤다. "여호와여, 어찌하여(라마) 주의 백성에게 진노하시나이까?" 그는 다음 절에서도 이를 반복했다. "어찌하여 애굽 사람들이 이르기를 여호와가 자기의 백성을 산에서 죽이고 지면에서 진멸하려는 악한 의도로 인도해 내었다고 말하게 하시려 하나이까? 당신의 백성을 죽이면 하나님의 목적에 무엇이 유익합니까? 후손을 약속의 땅에 인도하시겠다고 선조와 이미 약속하지 않으셨습니까?"

이에 하나님께서는 긍정적으로 대응하셨다. 당신의 의지를 꺾으셨다는 이야기다. 그러자 모세는 하나님의 본질로 이어지는 문을 좀더 열어보려고 노력했다. "주의 영광을 내게 보이소서(출 33:18)."

무슨 뜻으로 한 말일까? 몇몇 랍비들은 하나님의 공의를 조롱하고 그에 이의를 제기하는 질문("왜 의인이 고난을 당하고 악인은 번영합니까?")에 대답해 달라고 애원한 것으로 풀이했다. 즉, 모세는 "의인이 고난을 겪고 악인이 번성한다면 우주의 섬세한 균형이 깨지며 하나님의 영광과 광채가 퇴색되나, 제가 이를 이해할 수 있다면 당신의 영광은 회복되어 빛을 발할 수 있을 것입니다"라고 말했다는 것이다.

모세는 궁극적인 '라마'의 답변을 묻고 있다. 이에 하나님은 당신의 현현이 지나갈 반석 틈에 내려오라고 지시하셨고 모세는 거기서 하나님의 답변을 기다리고 있었다. 그러고 나서 "인간은 뒷모습만 볼 뿐, 얼굴은 볼 수 없다"고 선포하셨다. 인간은 특정한 현상이 오래전에 지나갔어도 이를 어슴푸레 지각할 뿐이며, 하나님의 미묘한 섭리나 공의를 완전히 이해할 수는 없다. 시편 기자의 노래처럼 "주의 심판은 큰 바다와 같다(시 36:6)."

인간이 '정의란 무엇인가?'를 끊임없이 고민하면 하나

님은 "바위틈에 내려가라. 자신을 낮추지 않으면 답을 얻을 수가 없다. 존재의 정수에까지 내려가라. 그래서 네 자신이 피조물의 구성원the materials of creation과 하나가 될 때, 육안이 가려져 눈이 있어도 볼 수 없다는 점을 깨달을 때야 비로소 내 그림자가 지나가는 것을 분별할 수 있을 것이다. 그토록 번민했던 물음과 의구심이 가득한 의문은, 육신의 눈을 뜨고 고개를 뻣뻣이 들고 서있을 땐 알 수가 없다. 그러나 반석의 중심에까지 내려가 자세를 낮추고 눈을 감으면 나의 신비를 조금이나마 엿볼 수 있을 뿐 아니라, 내게 던진 물음을 두고는 답변을 요구하지 않게 될 것이다. 오직 굳은 반석에서 나의 임재를 볼 수 있고 몸을 구부려야만, 나의 공의와 사역을 물을 수 있다"라며 똑같은 답변을 들려주실 것이다.

14

이집트에는 매장할 땅이 부족합니까?

14 이집트에는 매장할 땅이 부족합니까?

"그들이 또 모세에게 이르되 애굽에 매장지가 없어서 당신이 우리를 이끌어 내어 이 광야에서 죽게 하느냐? 어찌하여 당신이 우리를 애굽에서 이끌어 내어 우리에게 이같이 하느냐?"

— 『출애굽기(14:11)』

절망과 비난:
이집트에는 매장지가 부족합니까?

신랄한 비난과 분노가 유대인의 입에서 폭발한다. 타깃은 모세다. 그들이 격노한 까닭은 무엇일까? 앞 절을 보면 복장이 무너진 경위를 알 수 있다.

"바로가 가까이 올 때에 이스라엘 자손이 눈을 들어 본즉 애굽 사람들이 자기들 뒤에 이른지라. 이스라엘 자손이 심히 두려워하여 여호와께 부르짖고(출 14:10)."

본문에 따르면, 추격하던 이집트 군사와의 격차가 좁아지자 두려움에 사로잡힌 그들은 하나님을 의지했다고 한다. 어쩌면 당연한 일인데, 모세를 두고는 숨을 고르기도 전에 격노했다는 것은 영 석연치가 않을 것이다.

어찌 두려움이 기도와 분노로 이어질 수 있단 말인가? 이스라엘 백성들은 모세를, 이집트에서 인도해내려는 하나님의 의지와는 상관없는 사기꾼으로 여긴 것일까? 지도자인 그를 신뢰하는 마음이 떠난 것일까? 이집트인을 본 순간 정신을 잃었다거나 일시적인 공황 혹은 히스테리 증상을 보였다고 치부할 수는 없을 듯싶다. 모세의 지도력에 불만을 토로한 것이 한 두 번이 아니었으니 말이다.

난해한 물음이다. 하나님께 드린 기도와 모세를 향한 비난은 왠지 어울리지가 않기 때문이다. 그래서 사건의 흐름에 뭔가 빠진 것이 있을지도 모르겠다.

예컨대, 『메힐타 베샬라흐(§2)』를 인용한 람반에 따르면, 본문은 모순이 아니라고 지적한다. 즉, 이스라엘 백성은 서로 다른 배경과 인종이 어우러진 탓에 몇몇은 하나님께 기도했으나 다른 일부는 모세의 지도력을 공격했다는 것이다. 하나님께 부르짖은 자들은 모세를 공격하지 않았고, 모세를 공격한 자들은 하나님께 부르짖지 않았을 것이다. '수많은 잡족mixed multitude' 이 이집트를 떠났다고 하니 모세가 그들에게 권위를 내세울 수 있었다는 것은 하나님이 지도자의 자격을 부여하셨다는 방증이다.

이스라엘의 분노는 이뿐만이 아니었다. 『출애굽기(15:24)』에 따르면, 그들은 마라Marah 진영에서 물이 없다며 모세를 원망했다고 한다. "무엇을 마실까요? ……" 에두르지 않은 불만이었으나 독설이나 비난의 뉘앙스는 없었다.

그런데 신 광야에서도 불만은 끊이지 않았다.

> "이스라엘 자손이 그들에게 이르되 우리가 애굽 땅에서 고기 가마 곁에 앉아 있던 때와 떡을 배불리 먹던 때에 여호와의 손에 죽었더라면 좋았을 것을 너희가 이 광야로 우리를 인도해 내어 이 온 회중이 주려 죽게 하는도다(출 16:3)."

불만을 토로하는 백성들은 자신의 분노에 눈이 가려진 탓에 이집트에서의 종살이를 호의호식한 나날로 착각하고 있다. 그런데 이때만 직설적인 의문문이 쓰이지 않았다(물론 '우리가 죽었더라면' 은 의문의 뉘앙스가 풍기긴 한다).

물음이 또 다른 물음으로 이어지는 경우도 있다. 예컨대, 하나님께서는 이스라엘의 불만을 두고 이렇게 대답하셨다. "어느 때까지 너희가 내 계명과 내 율법을 지키지 아니하려느냐?(출 16:28)"

『출애굽기』 17장을 보면, 르비딤 진영에서도 물이 없다는 이유로 심사가 뒤틀린 이스라엘의 마음을 읽을 수 있다. "거기서 백성이 목이 말라 물을 찾으매 그들이 모세에게 대하여 원망하여 이르되 당신이 어찌하여 우리를 애굽에서 인도해 내어서 우리와 우리 자녀와 우리 가축이 목말라 죽게 하느냐?(출 17:3)" 그리자 모세는 그들의 노여움을 간파하고는 하나님께 부르짖는다. "그들이 조금 있으면 내게 돌을 던지겠나이다(출 17:4)."

이스라엘은 단지 물이 없어서가 아니라 고기가 그리워서 모세에게 성토한 것이었다.

> "그들 중에 섞여 사는 다른 인종들이 탐욕을 품으매 이스라엘 자손도 다시 울며 이르되 누가 우리에게 고기를 주어 먹게 하랴? 우리가 애굽에 있을 때에는 값없이 생선과 오이와 참외와 부추와 파와 마늘들을 먹은 것이 생각나거늘 이제는 우리의 기력이 다하여 이 만나 외에는 보이는 것이 아무것도 없도다하니(민 11:4~6)"

고기와 참외와 부추는, 벽돌을 만드는 짚조차도 거부되던 이집트 노예가 마음대로 먹을 수 있는 메뉴가 아니었다. 따라서 본문은 불만의 힘이 현실도 왜곡할 수 있다는 점을 일깨워준다. 예컨대, 다단과 아비람은 그들이 종살이했던 이집트를 "젖과 꿀이 흐르는 땅(민 16:13)"이라고까지 이야기했다!

그런데 『민수기(14:2)』에서 정탐꾼이 부정적으로 보고한 후에는 가나안에 들어가는 것이 두려워 지도자를 원망했다고 한다. 그들의 말을 주의 깊게 살펴보자.

> "이스라엘 자손이 다 모세와 아론을 원망하며 온 회중이 그들에게 이르되, 우리가 애굽 땅에서 죽었거나 이 광야에서 죽었으면 좋았을 것을, 어찌하여 여호와가 우리를 그 땅으로 인도하여 칼에 쓰러지게 하려 하는가? 우리 처자가 사로잡히리니 애굽으로 돌아가는 것이 낫지 아니하랴?(민 14:2)"

여기서는 모세가 아니라 하나님이 원망의 대상이다. 물

을 둘러싼 원망은 사그라질 줄 몰랐다. 이스라엘이 신 광야the Wilderness of Zin에 들어서자 미리암이 세상을 떠났고 물도 메말라버리자, 그들은 또다시 모세와 다투기 시작했다.

> "백성이 모세와 다투어 말하여 이르되 우리 형제들이 여호와 앞에서 죽을 때에 우리도 죽었더라면 좋을 뻔하였도다. 너희가 어찌하여 여호와의 회중을 이 광야로 인도하여 우리와 우리 짐승이 다 여기서 죽게 하느냐? 너희가 어찌하여 우리를 애굽에서 나오게 하여 이 나쁜 곳으로 인도하였느냐? 이곳에는 파종할 곳이 없고 무화과도 없고 포도도 없고 석류도 없고 마실 물도 없도다(민 20:3~5)."

여기서는 이집트 노예의 메뉴가 고기와 마늘뿐 아니라 무화과와 포도 및 석류까지 추가되어 좀더 고급스런 음식으로 확장된다. 불만이 분노로 이어지면서 현실감각을 왜곡하고 사막의 신기루마저 일으키고 말았다.

얼마 후, 통행을 거부한 에돔 땅을 우회하게 되자, 이스라엘은 다시금 원성을 높였다.

> "백성이 하나님과 모세를 향하여 원망하되, 어찌하여 우리를 애굽에서 인도해 내어 이 광야에서 죽게 하는가? 이곳에는 먹을 것도 없고 물도 없도다. 우리 마음이 이 하찮은 음식을 싫어하노라 하매(민 21:5)"

신비한 만나도 '하찮은 데다' '싫어한다' 니 분노가 현실을 이렇게까지 왜곡할 수 있다.

모세에게 불평한 사건에서 눈여겨봐야 할 점이 있다면 처음에는 불만에 기도가 동반되었으나 그 후로는 기도를 찾아볼 수 없다는 것이다(출애굽기 14장). 람반의 생각대로, 유대인 중에는 다른 인종도 있었으며, 하나님께 기도한 무리는 모세를 원망하지 않았다고 가정한다면, 그들은 광야 여정이 끝날 때 까지 입을 다물고 있었다는 이야기가 된다.

한 가지 구절을 제외한 불만이 조소가 담긴 물음이라는

점도 주목해야 한다. (평범한 비난과는 다른, 물음의 수사적인 위력을 실감할 수 있다)

모세가 지도자의 지위를 없애달라고 하나님께 간구할 법도 하다(이 때도 의문문을 썼다). "그런즉 나 홀로 어찌 능히 너희의 괴로운 일과, 너희의 힘겨운 일과, 너희의 다투는 일을 담당할 수 있으랴?(신 1:12)" 그리고 임종을 앞두고는 백성이 저질렀던 '몹쓸 짓' 을 일깨워주었다. "너는 광야에서 네 하나님 여호와를 격노하게 하던 일을 잊지 말고 기억하라 네가 애굽 땅에서 나오던 날부터 이곳에 이르기까지 늘 여호와를 거역하였으되(신 9:7)"

불평과 불만, 애곡 및 탄식으로 얼룩진 데다, 옛 시절을 그리워하는 백성을 두고 모세가 고별사에서 다음과 같이 훈계한 것도 그리 이상하지가 않다. "내가 너희를 알던 날부터 너희가 항상 여호와를 거역하여 왔느니라(민 9:24)"

이스라엘 백성이 정신분열 같은 증세(하나님의 임재를 분명히 알면서도 주님과 모세에게 불만을 토로한 점)을 보이는 까닭은 그들이 누구며, 어디에서, 어디로 가는지 알지 못하기 때문일 것이다. 그들은, 하나님의 지상 사역을 맡은 족장의 후손인 이스라엘 백성이다. 이 사명을 잊으면 영성이 메마르고 육신이 영성을 지배하게 마련이다. 따라서 그들은 하나님의 현현을 체험하고도 세속적인 취향과 입맛이라는 원시적인 관심사primordial concerns에 빠져든 것이다. 이스라엘은 그들을 둘러싼 기적(출애굽과 홍해 및 시내산 사건)을 순식간에 잊고 말았다. 영화로운 과거가 덧없이 지나갔으니 미래의 약속 따위는 아무런 의미가 없었던 것이다. 육신의 소욕이 모든 것을 장악해버렸으니 그들에게는 '지금'이 가장 중요했고, 그에 주안점을 두자니 만족이라고는 찾을 수가 없었다. 인간의 소욕은 한도 끝도 없기 때문이다. 그러니 투덜대고 애곡할 일만 남은 것이다.

일단 불만의 길에 들어서면 탈출구는 거의 없다. 불만이 푸념과 탄식으로 이어지고, 광적인 상상력이 육신을 장악하게 되면 사람은 현실감각을 잃게 된다. 그러니 매일 내린 만나를 하찮다하고 종살이를 두고는 "고기와 부추 및 참외를 푸짐하게 차린 잔치"와 혼동하게 된 것이다.

광야 세대는 하나님의 기적을 체험했으나 그들 가운데 임재하시는 하나님은 의식하지 못하는 듯싶기도 하다. 스스로 일으킨 불만은 시기와 번민과 끝없는 탄식으로 이어졌다. 그들은 랍비들이 『피르케이 아보트(4:1)』에서 강조한 교훈을 — '누가 부유한가?[역시 의문문이다!] 지금 가지고 있는 것에 만족하는 사람이다' — 부정적인 언동으로 상기시킨 증인이었다. 하나님은 우리와 함께 계시지만 우리가 가진 것에 만족하지 못한다면 주님의 임재가 아닌 우리 자신과 세상적인 소욕만 보이게 된다.

이 같은 원칙을 현실에 적용하기가 그리 쉬운 일은 아니다. 영적인 지도자에게 품은 불만과 탄식은 아무리 거룩한 민족이라도 숭고한 사역에 우선순위를 두지 않고 육신의 일을 도모할 때 어떤 결과가 벌어질 수 있는지 일깨워준다.

본서가 분노와 탄식을 제어하는 법을 다룬 자기계발서는 아니지만, 유대 민족적인 차원에서 요긴하게 쓸 수 있는 첫 단계는 유대인의 과오를 뒤집는 것이리라. 즉, 정체성(하나님의 피조물)과 기원(하나님을 배도하려는 유혹에도 주님께 충직한 유대인) 및 앞으로 갈 방향(세상에 하나님의 임재를 전파하는 증인)을 되새기면 된다는 이야기다. 물론 영원한 유대인의 진리를 가슴에 품은 사람이라도 인생의 굴곡을 겪게 마련이다. 그러나 우리가 하나님의 사랑을 받은 피조물이고, 하나님의 계획의 일부라는 사실을 깨닫는다면 만성적인 불만에서 해방될 뿐 아니라, 신앙인으로 선택되었다는 자부심과 진정한 즐거움을 맛보게 될 것이다.

절망과 탄식을 대변하는 두 가지 물음("이집트에는 매장지가 부족합니까?" 와 "이집트로 돌아가는 편이 낫지 않습니까?")은 다른 것과 함께 — 이를테면, 하나님의 피조물에 잠재된 위대성을 일컫는 "아들아, 너는 누구냐?(창 27:18)" 와 미래의 가능성에 눈을 돌리게 해주는 "무엇을 찾느냐?(창 37:15)" — 균형을 이룬다면 긍정적인 물음으로 바뀔 수도 있을 것이다.

15

원수를 돕지 않겠느냐?

15 원수를 돕지 않겠느냐?

"네가 만일 너를 미워하는 자의 나귀가 짐을 싣고 엎드러짐을 보거든 그것을 버려두지 말고 그것을 도와 그 짐을 부릴지니라."

— 『출애굽기(23:5)』

양심이 있는 자:
원수를 돕지 않겠느냐?

『출애굽기(23:5)』을 보면 "너를 미워하는 자의 나귀가 짐을 싣고 엎드러짐을 보거든 그것을 버려두지 말고 그것을 도와 그 짐을 부려야 한다"고 기록되어있다. 문자 그대로는 "너는 참고forbear 도와주어야 한다. 반드시 그를 도와주어야 한다"고 해석할 수 있다. 즉, 본능상 원수를 돕고 싶은 마음이 아주 없더라도 그를 도와야 한다는 뜻이다.

본문은 곤경에 빠진 이웃은 원수라도 반드시 도와야한다는, 단도직입적인 계명처럼 보인다. 그러나 라쉬는 같은 의미를 주장하면서도 그리 직설적으로 풀이하진 않았다. 인간의 본성을 둘러싼 심오한 혜안을 본문에서 발견했기 때문이다.

라쉬는 중간 구절을 뭔가 의아한incredulous 물음으로 보고 "그를 도우려는 것을 참겠는가?"라고 해석했다. 즉, 양심과 감수성을 겸비한 인간이라면 궁지에 몰린 이웃을 보고 도와줄 마음을 참을 리가 없다는 것이다. 그 다음 문장도 명령문(그를 반드시 도와주어야 한다)이 아니라 양심을 자극하는 말(그를 도와주지 않고는 못 배길 것이다)로 이해할 수 있다.

본문은 『신명기(22:4)』에 "네 형제의 나귀나 소가 길에 넘어진 것을 보거든 못 본 체하지 말고 너는 반드시 형제를 도와 그것들을 일으킬지니라"라고 기록되었듯이, 곤경에

처한 이웃을 도와야 한다는 가르침도 되지만 『출애굽기』에 비추어보면 "이웃은 원수라도 도와주어야 한다"는 뜻으로 확대?적용될 수 있다. 그런데 본문의 가르침은 계명이기도 하지만 의문문을 띤 명령으로 봐도 무방하다(의문형은 각자의 내면에 사리 잡은 품위와 본성적인 인간성을 끄집어내는 역할을 한다). 이를테면, '이웃을(원수일지라도) 도와주지 않고 가던 길을 마저 간다는 것이 가당키나 한 일인가?' 물었다는 것은 곧 '도와주는 것이 당연하다'는 이야기를 에둘러 기록한 것뿐이다. 내가 명령했고, 내면의 양심이 명령했기 때문이다.

직설적인 명령을 의문문으로 바꾸면 본문은 "선을 행하고 남을 도우라"는, 내면의 본성을 자극할 뿐 아니라 어깨를 부드럽게 어루만지며 인간이라면 의당 기대할 수 있는 바를 일깨워주기도 한다.

본문을 의문문으로 읽을 때 귀감이 되는 까닭은 인간의 본성에 기대할 수 있는 바를 들려주기 때문이다. 그러면 이를 바탕으로 가상 시나리오를 꾸며보자. 나귀를 타고 다른 마을로 가고 있던 차에 마침 당나귀 옆에서 당황해 하는 철천지원수와 마주쳤다. 짐승은 무거운 짐을 견디지 못해 땅에 쓰러졌고 도저히 일어날 수 없을 듯싶었다. 그는 나귀를 일으키려고 안간힘을 써봤으나 혼자만으로는 역부족이었다. 누군가가 그를 도와주어야 했다. 우선 나귀가 스스로 설 수 있도록 짐을 모두 내려놓은 후 이를 다시 등에 얹어야 했다.

나귀는 불쌍했지만 원수를 두고는 전혀 유감스럽지가 않았다. 마음 같아선 '꼴좋다!' 핀잔을 주고는 씩 웃으며 능청맞게 그를 떠나고 싶었다. 가던 길을 멈추고 짐을 다시 얹는 것을 도와주고픈 마음은 추호도 없었으며 양심의 가책도 느끼지 못했다. 원수가 저지른 과오를 모두 다 잊어버리고 그를 용서한다는 것이 평범한 사람에게는 기대하기가 어려운 법이다. 내게 누명을 씌우고, 험담하고, 해코지하고, 물건을 망가뜨리고, 훔치고, 그나 나나 서로를 증오하기에 원수가 된 것이다. 구약성경이 "그를 돕는 것을 중단하겠느냐?" 고 묻는다면 "맞습니다! 아니, 중단해야 마땅합니다!" 라고 대꾸하는 것이 본능에 충실한 사람이다. 곤경에 처한 원수를 돕는 것은 내가 가장 원치 않는 일이다.

그러나 성경은 우리가 그 같은 본능을 초월할 수 있으리라 믿는다(혹은 초월하라고 주문한다). 이를테면, 복장이 터질 때 상대를 해코지하려는 충동을 극복하고, 유혹에 사로잡혀 있을 때 그릇된 소욕을 억제하며, 자비와 은혜를 통해 이웃에 관심을 둘 수 있을 거라고 기대한다는 이야기다.

또한 성경은 누명을 씌운 자에게도 보복은 금물이라고 가르친다. 예컨대, 이웃이 내게 삽을 빌려달라고 했다 치자. 그런데 지난 달, 망치가 필요했지만 그가 빌려주지 않았다면 이를 똑같이 갚아주고 싶은 마음이 들 것이다. 그러나 성경은 "원수를 갚지 말라" 고 단언한다(레 19:18). 그렇다, 당연히 보복하고픈 심정이겠지만 하나님은 본능적인 한계를 극복하기를 원하신다.

또한 성경은 원수를 도우라는 계명으로, '우리 사이를

가로막은 적대감을 완전히 제거 하겠다' 는 원대한 계획을 세상에 알렸다고 볼 수도 있다. 원수가 짐을 다시 얹도록 돕고 나귀를 일으키고 끌며, 그와 함께 땀을 흘리고도 전처럼 앙심을 품을 수 있겠는가?

여기까지가 라쉬의 해석을 둘러싼 배경일지도 모른다. 성경은 내가 중심인 궤도에서 벗어나게 하려고 기록되었다. 우리에게는 성경의 가르침을 가슴에 심고 충동과 본능을 초월하여 좀 더 숭고한 인간으로 거듭날 수 있다는 점을 증명할 기회가 있다.

> '곤경에 빠진 이웃을 돕지 않겠는가? 물론 너라면 도울 것이다. 너는 하나님의 법과 당신의 가르침을 따라 살기 때문이다.'

본문을 명령문으로 풀이하는 것보다 라쉬의 해석이 훨씬 더 심오하게 와 닿을 것이다. 의문문으로 읽으면 이 계명은 자연적인 반응을 초월하는 행동을 기대한다는 것을 반영한다. 초자연적으로 처신하고 본능을 극복하는 것은 행동의 표준이 되기도 한다. 즉, 성경이 말하는 유대인은 예사롭지 않은 일을 예사로운 것이라고 생각하는 사람이라는 얘기다.

그도 그럴 것이, 창조주 하나님이라면 인간에게 범상치 않은 행동을 기대하실 거라고 생각하지 않는가? 인간은 죄를 짓고, 주님의 법을 수백 가지로 위반하며 산다. 게다가 당신의 가르침을 잊고 간과하거나 외면하거나 혹은 이성의 잣대로 재기도 한다. 그러고는 허물을 외면하시고, 죄를 용서하시며, 과오를 제거하시며 '인간은 살과 피로 된 존재' 라는 점을 기억하시며, 율법을 간과했다는 사실을 눈감아주십사고 기도한다. 이처럼 우리는 하나님께 인내와 관용으로 보살펴달라고 간구한다. 이를 두고는 시편 기자도 "여호와여, 주께서 죄악을 지켜보실진대 주여 누가 서리이까?" 라고 노래했다.

인간이 창조주께 기대하는 바를 당신도 우리에게 기대

하신다. '원수라는 이유로 이웃을 돕지 않겠느냐?' 물론 독자 여러분이라면 궁지에 몰린 그를 도울 것이 분명하다. '깨소금 맛' 이라며 선천적인 충동에 몸을 맡기지는 않을 것이다. 본능적인 충동을 극복해야 마땅하다는 점은 본인도 잘 알고 있을 테니 말이다. 원수도 사람이라는 것을 깨닫고 그의 난처한 입장에 공감한다면 동물적인 본능은 제쳐두고 거룩하게 구별된 인간답게 처신할 것이다.

이처럼 가장 어려운 계명을 어렵사리 지킨다면 하나님께도 "잘못 투성이인 자녀를 관용과 자비로 살펴 달라" 며 떳떳이 하나님을 의지할 수 있을 것이다.

> '자비와 은혜와 사랑이 충만하신 하나님, 저희가 주님의 법을 위반했다는 이유로 궁지에 몰린 저희를 돕지 않으시겠습니까?

16

하나님은 무엇을 요구하시는가?

16 하나님은 무엇을 요구하시는가?

"여호와께서 네게 요구하시는 것이 무엇이냐?"

— 『신명기(10:12)』

"여호와께서 네게 구하시는 것이 무엇이냐?"

— 『미가(6:8)』

물음의 궁극적인 핵심:

하나님은 네게 무엇을 요구하시는가?

두 선지자가 이스라엘 백성에게 묻는다.

"이스라엘아, 네 하나님 여호와께서 네게 요구(שׁוֹאֵל, 쇼엘) 하시는 것이 무엇이냐? 곧(but이나 only, 원어는 'כִּי אִם, 키임') 네 하나님 여호와를 경외하여 그의 모든 도를 행하고 그를 사랑하며 마음을 다하고 뜻을 다하여 네 하나님 여호와를 섬기고 내가 오늘 네 행복을 위하여 네게 명하는 여호와의 명령과 규례를 지킬 것이 아니냐?(신 10:12~13)"

"사람아 주께서 선한 것이 무엇임을 네게 보이셨나니 여호와께서 네게 구하시는(도레쉬) 것은 오직(only, 원어는 'כִּי אִם, 키임') 정의를 행하며 인자를 사랑하며 겸손하게 네 하나님과 함께 행하는 것이 아니냐?(미 6:8)"

각각 모세와 미가가 던진 물음인데, 먼저 미가 선지자의 것을 관찰해보자. 얼핏 보면 그는 모세처럼 평범한 것을 요구하는 듯싶다. 이 같은 인상은 본문이 기록된 방식을 보면 확연히 드러난다. 미가의 질문은 모세의 것과 같이 매우 간단한 요구로 읽을 수 있다. 사실 그는 "계명이 복잡하고 어려워 보이긴 하지만 하나님은 다음 세 가지를 요구하시는 것뿐이다"라고 이야기하는 듯싶기도 하다. '키임, כִּי אִם(~뿐이다, 혹은 오직으로 옮김)'의 뉘앙스로 볼 때, 하나님은 우리에게 '세 가지의 가벼운 의무' 를 주문하신다고 풀이할 수 있을 것이다.

그러나 본문을 자세히 보면 하나님의 요구는 그리 가볍지도 않고, 쉽게 이해할 수도 없는 데다 준행하기도 어렵다. 예컨대, '정의를 행하라(עֲשׂוֹת מִשְׁפָּט, 아소트 미슈파트)' 에서 정의는 무엇인가? 누가 정의를 규정하며 어떻게 이를 준행할 수 있는가?

둘째, '아하바트 헤세드, אַהֲבַת חֶסֶד(인자를 사랑하며)' 는 친절과 자비를 사랑하라는 이야기인데 누가 그러지 않겠는가? 역시 몇 가지 의문점이 제기되는 글이다. 즉, 친절은 무엇이고, '사랑' 은 무엇을 수반하며, 친절을 사랑하는 것과 행하는 것은 어떻게 다른가? 친절을 추상적으로 사랑하면 그만인가? '자비' 나 '은혜' 로 옮기는 '헤세드' 는 정확히 무슨 뜻인가?

게다가 정의를 행하고 인자를 사랑하라는 주문이 이어

진 까닭도 난해하다. 친절(인자)을 행하고 정의를 사랑하면 안 된다는 이야기인가?

아마 미가는 진정한 친절의 본질이 행위가 아니라 내면에서 우러나오는 사랑이라고 주장한 듯싶다. 분명 친절은 모름지기 몸소 행해야 하고 가슴에 머물러 있어선 안 된다. 행하지 않으면 친절은 아무에게도 영향력을 끼칠 수 없는, 공허한 감정에 불과하기 때문이다. 그러나 하나님께서 원하시는 진정한 자비는 겉으로 드러나는 행위뿐 아니라 가슴에서 우러나오는 그것까지도 아우른다. 한편, 정의는 감정에 휘둘리지 않고 집행되어야 한다. 정의를 행한다는 것은 몸소 행동하는 것을 가리키며, 이는 지성에서 비롯된다. 정의란 판단력과 지식을 활용하여 대안을 심사숙고함으로써 실현할 수 있다.

친절은 자비의 행위로 나타나는, 정서와 감정 및 사랑에 바탕을 두나, 정의는 정서의 영향을 받지 않는다. 이는 증거와 증언, 냉철한 논리 및 이성(정의를 구현하는 데 필요한 요소)에 근거하기 때문이다. 즉, 정의에 사랑과 행위가 반드시 동반되는 것처럼, 친절 또한 행하는 것만으로는 부족하며 가슴에서 우러나와야 한다는 것이다.

셋째, 하나님과 겸손히 동행하라(הַצְנֵעַ לֶכֶת, 하츠네아 레헤트)는 것도 뜻이 애매하다. 누구나 겸손히 하나님을 믿어야 한다는 점은 분명한 사실이나 본문에는 좀 더 원대한 의미가 담겨있다. 하나님과 겸손히 동행한다는 것은 종교적인 행위를 겸손하게, 즉 소란을 피우지 않고 묵묵히 준행해야 한다는 뜻일 것이다. 그 역시 사랑하는 감정에서 비롯된 것인데, 그렇다면 긍지를 갖고 떳떳이(openness) 하나님을 섬겨야 할 때는 없을까? 왜 하나님과 겸손히 동행해야 할까? 이웃과 겸손히 동행하면 안 된다는 이야기인가? 본문을 깊이 이해할라치면 의문이 한도 끝도 없이 솟구친다. 겸손의 정의는 어떻게 규정하며 '하나님과 동행한다' 는 뜻은 과연 무엇일까?

'세 가지 요구를 준행했다면 하나님은 정말 아무것도 바라지 않으실까?' 도 중요한 문제다. 그렇다면 구약성경이 가르치는 613가지 계명은 어떻게 이해해야 할까? 세 가지 당부만 지키면 다른 계명은 면제가 된다는 이야기인가?

미가의 기록은 모세의 가르침과 비슷하지만 완전히 동일하진 않다. 미가의 물음은 훨씬 간결하여 31개 단어로 된 모세의 말을 10개로 압축했다(그러나 의문문의 형식은 같다). 그리고 비슷한 점은 둘 다 '키임, כִּי אִם(단지, 오직)' 을 썼다는 것이다.

과연 미가는 모세의 가르침을 한 문장으로 축약했을까? 그렇지 않다! 우선, 모세는 '묻는다' 는 뜻의 '쇼엘, שׁוֹאֵל' 을, 미가는 '구하다, 요구한다' 는 '도레쉬, דּוֹרֵשׁ' 를 썼다는 점을 눈여겨봐야 한다. 뜻은 비슷하나 '도레쉬' 의 어감이 좀더 강하기 때문이다. 따라서 미가의 세 가지 당부는 단순한 요구가 아니다. 한편, 모세는 다음 여섯 가지를 나열했다.

1) 네 하나님 여호와를 두려워하라.
2) 그의 길을 행하라.
3) 하나님을 사랑하라.
4) 마음을 다하고 뜻을 다하여 네 하나님을 섬기라.
5) 계명을 지키라.
6) 규례를 지키라.

미가의 본문에서는 몇 가지만 요약되었으므로 그는 다른 가르침을 외면한 듯싶기도 하다.

모세가 완곡한 표현(שׁוֹאֵל, 쇼엘)을 썼다고는 하나 그는 계명이 중요하다는 점을 분명히 밝혔다(계명과 규례를 지키라). 그는 하나님을 두려워하고 사랑하며 그의 길을 행하라는, 다소 애매한 당부로 시작했으나 성경의 모든 계명을 지키라는 주문으로 끝을 맺고 있다.

모세는 '편리한 처방easy prescriptions' 을 제시하진 않았다. '여호와께서 요구하시는 것은 ……뿐' 이라고 말문을 열었으나 주님은 우리에게 모든 계명을 지키기를 바라신다는 것이 결론인 셈이다. 한편, 미가는 계명을 직접 언급하지 않고 '하나님과 동행' 한다는 말로 포함하여 기록했다.

차이점은 여기서 그치지 않는다. 모세는 신인 및 대인관계를 동일하게 강조했으나, 미가는 대인관계와 신인관계를 각각 3분의 2(정의를 행하고, 인자를 사랑하라)와 3분의 1(하나님과 겸손히 동행하라)정도 강조한 듯 보인다. 그런데 탈무드는 3분의 1마저 더 축소하여 망자와 장지에까지 동행할 때와 신부를 도와줄 때 하나님과 동행해야 한다고 가르친다(마코트 24a). 이는 대인관계의 예가 된다는 점에서 탈무드는 세 번째 당부를 두고 하나님과의 관계뿐 아니라 사람과의 관계에도 적용된다고 밝혔다. 그러면 미가는 신인관계의 의무를 부차적인 문제로 취급했을까?

필자는 좁은 지면에 답변을 달아놓을 수 있을 만큼 많은 질문을 제시했으나 두 선지자가 가르친 본문은 표현이 다를 뿐이라고 생각한다. 즉, 미가는 신인관계의 가치를 축소하거나 계명을 준행할 필요성을 외면하지도 않았다. 다만 그는 성경의 '액기스essence'를 한 문장으로 추출해내려고 노력했을 것이다. 이를테면, 모든 계명을 준수하되 정의를 행하고 인자를 사랑하며, 하나님이 임재 하신다는 것을 겸손히 의식해야 한다는 점(대수롭지 않게 여길 수 있을 만큼 상투적인 가르침)을 가슴에 새기라고 주장한 것이다. 무슨 계명을 지키든 그 주변에는 정의와 인자와 하나님의 임재가 맴돌고 있다는 이야기다.

탈무드는 모세와 미가의 가르침에 사용한 어구에 주목했다. 모세는 '키임'을 쓸 때 매우 사소한 것을 당부한다는 점을 암시했다는데, 랍비들은 "모세가 당부한 것(하나님을 두려워하라)이 '키임'을 쓸 만큼 사소한 일인가?"라며 이를 석연치 않게 여겼다(버라호트 33b, 메길라 25a).

그들은 "모세처럼 위대한 지도자라면 사소한 일"이라고 해명했다. 하지만 누가 감히 모세를 닮을 수 있단 말인가? 굳이 모세가 아니더라도 하나님의 말씀을 준행하는 사람이라면 영적인 만족감과 마음가짐이 달라지므로 그의 가르침은 행할 가치가 있으며 그러기가 어렵지도 않다. 계명은 부담이 아니라 흔쾌히 따를만한 가이드라인이 된다. 다른 대안은 혼란을 초래하기 때문이다. 계명을 지키는 자는 그러지 않는 삶을 상상조차 할 수 없다. 하나님의 말씀을 준수하지 않는 자는 되레 부담이 가중될 것이다.

그러나 성경 말씀을 지키지 않고 이를 방관하는 자는 계명을 엄청난 부담으로 치부할 것이다. 모세와 미가는 계명으로 삶이 고달파질 거라고 우려하는 사람에게 "고통이 아니라 만족스런 삶을 영위할 수 있다"고 안심시키려 했을지도 모른다. 말씀을 따르며 하나님과 더욱 가까워진다면 계명을 준행하는 것은 호흡처럼 일상적이고도 당연한 일이 될 것이다.

예컨대, 호흡은 매우 복잡한 과정인데 숨을 쉬지 않으면 어떤 생명체도 살 수가 없다. 그것이 인간의 자연적인 기능이듯, 영적인 삶도 이와 마찬가지다. 즉, 하나님을 섬기는 것이 호흡과 같이 연명을 위한 자연적인 과정이 된다면 영성은 정점에 이르게 될 것이다. 모세와 미가는 하나님의 가르침과 계명을 즐겁고 신실하게 따른다면 주님을 섬기는 일이 호흡처럼 당연한 '키임'이 될 거라고 약속했다. 그러려면 출발점에서 발을 떼야 하며 주변에 머뭇거려서는 안 된다. 뭍에만 있는 사람은 수영을 배울 수가 없다.

두 선지자는 '걷는다walking'는 생동감 있는 이미지를 통해 종교적인 삶은 정적인 것이 아니라 창조주께 한걸음씩 나아가는 것이라고 주장했다. 하나님을 향해 내딛는 '걸음(홀레이흐)'의 어근은 유대교 법인 '할라카'를 예표하기도 한다. 걷다보면 실족할 수도 있고 넘어질 수도 있지만 하나님께서는 당신께 나아갈 수 있도록 우리를 일으켜주실 것이며, 모세와 미가의 가르침으로 우리는 힘찬 발걸음을 내디딜 수 있을 것이다.

따라서 각자가 부딪치는 일상의 숙제는 정의를 행하고 모든 이웃에게 인자를 베풀며 하나님이 계시다는 사실을 경외하는 마음으로 의식하며, 계명을 통해 매일 주님께 나아가며 현실에 안주하지 않으며, 몸이 자라고 발을 내딛듯 만물의 주인이신 하나님이(우리가 아니라) 인생의 주관자가 되심을 깨닫는 것이리라.

그러면 우리도 하나님과 사람을 자발적으로 진솔하게(하나님을 두려워하고 사랑하며 친절을 베풀며 계명을 지키며 그의 법도를 행하며 정의와 인자를 행하며 겸손히 하나님 앞에 서는 것도 그렇게 해야 한다) 섬긴 모세와 미가 선지자를 닮을 수 있다.

하나님은 바로 이것을 요구하시고 당부하신다. 멀리서는 오를 수 없는 산처럼 보이겠지만 일단 등정 길에 오르고 나면 정상이 가까워진다는 사실에 오감이 짜릿해질 것이다.

다윗 왕은 모세와 미가의 가르침을 보완했다. 그는 『시편(34:12~14)』에서 두 선지자의 기록과 비슷한 질문을 던진다.

생명을 사모하고 연수를 사랑하여 복 받기를 원하는 사람

> 이 누구뇨?
> 네 혀를 악에서 금하며 네 입술을 거짓말에서 금할지어다.
> 악을 버리고 선을 행하며 화평을 찾아 따를지어다.

여기서도 우리는 모세와 미가처럼 종교적인 삶의 진수를 끄집어낼 수 있다. 다윗 역시 의문형으로 문제를 제기하고는 답을 간결하게 규정해놓았다.

그런데 이 외에는 비슷한 점이 없다. 모세와 미가의 답변과는 달리 다윗은 하나님이 요구하시는 바를 기록하지 않고 인간의 사심self-interest을 지적했다.

모세와 미가는 (하나님의 법도가 인간의 역량을 초월하지 않고 충분히 지킬 수 있다는 점을 시사한 데서 더 나아가) 그에 따른 상급이나 유익을 언급하진 않았다. 그들은 단지 하나님이 원하시는 것만 나열했을 뿐이다.

반면, 다윗은 풍성한 삶의 공식을 제시했다. "인생의 복을 바라는가? 그러면 이렇게 살면 된다"는 식이다.

> 공식은 매우 간단해 보인다. 악한 말을 하지 말고, 거짓을 말하지 말며, 선을 행하며, 화평을 찾으면 된다. 그럴듯한 가르침이다. 즉, 말한 것을 지키고, 선을 행하고, 평화롭게 산다면 그 대가로 복을 풍성히 누릴 수 있다니 말이다.

모세와 미가의 기록과 같이 여기에도 눈에 보이지 않는 의미가 있다.

다윗의 시구에는 몇 가지 애매모호한 구석이 있어 좀 다듬어야 한다. 핵심이 되는 '악(רַע, 라)'과 '선(טוֹב, 토브)'이 두 번씩 쓰였는데, 본문은 마치 "복을 받으려면 선을 행하고 악에서 떠나야 한다"는 메시지 같기도 하다.

주석가들은 좀더 깊은 의미를 찾아냈다. 이븐 에즈라ibn Ezra에 따르면, '악'은 '하지 말아야 할 계명thou-shalt-not's'을, '선'은 '해야 할 계명thou-shalt's'를 일컫는다고 한다. 따라서 다윗은 "복을 받고 싶다면 계명을 지키고 성경이 금하는 것은 피하라"고 가르쳤다는 것이다. 바꾸어 말하면, 다윗은 성경을 따르는 삶이 복의 '보증수표the guarantor'라는 교훈을 전했다.

몇몇 주석가는 이를 좀더 확대하여 '선(טוֹב, 토브)'이 곧 성서를 지칭한다고 풀이했다. 따라서 '복(טוֹב, 토브)'을 누리고 싶으면 '토라(성경)'를 따르며 살아야 한다는 것이다. 한편, 혹자는 '연수'가 이생과 영생을 전부 아우른다고 주장하기도 했다. 즉, 토라의 법을 지키는 것이 영생에 이르는 길이라는 이야기다. 또 어떤 주석가는 '화평(שָׁלוֹם, 샬롬)'을 '하나님'의 다른 이름으로 보고, '하나님을 찾으라. 쉽사리 눈에 띄지 않더라도 그를 찾으라'고 해석했다.

본문에서 다윗은 같은 책 15편에서 던진 물음을 재차 언급한 셈이다. "여호와여 주의 장막에 머무를 자 누구오며 주의 성산에 사는 자 누구오니이까?"라고 물은 뒤 그는 11가지 덕목을 열거했다.

정직하게 행하며
공의를 실천하며
그의 마음에 진실을 말하며
그의 혀로 남을 허물하지 아니하고
그의 이웃에게 악을 행하지 아니하며
그의 이웃을 비방하지 아니하며
그의 눈은 망령된 자를 멸시하며
여호와를 두려워하는 자들을 존대하며
그의 마음에 서원한 것은 해로울지라도 변하지 아니하며
이자를 받으려고 돈을 꾸어 주지 아니하며
뇌물을 받고 무죄한 자를 해하지 아니하는 자이니

613가지 계명을 축소했다는 사상은 고전 유대교의 특징이다. 예컨대, 랍비 아키바는 "네 이웃을 네 몸과 같이 사랑하라(레위기 19:18)"가 성경의 주요 원리라고 가르쳤고(토라트 코하님 19:45), 랍비 힐렐은 성경의 주된 가르침을 두고 "네가 싫어하는 일은 친구에게도 하지 말아야 한다는 것이 성경의 핵심이고 나머지는 주석이다. 가서 이를 배우라"고 말했다고 한다(샤바트 31a).

탈무드에도 '축약'을 주제로 쓴 기록을 볼 수 있다. 예를 들면, 탈무드(마코트 24a)는 구약성경이 613가지의 계명을 담은 후(부정적인 계명과 긍정적인 계명이 각각 365개와 248개가 수록되어있다) "다윗이 이를 11개로 정리했다"며 『시편(15편)』을 인용했다.

계속되는 탈무드의 기록을 살펴보자.

> "그러자 이사야가 와서 이를 여섯 가지 [원리]로 정리했다. 사 33:15에서 그는 '누가 삼키는 불과 함께 거하겠는가? …… [불은 종종 하나님의 말씀과 주님의 임재를 나타낸다(렘 33:29, 탈무드 쉐칼림 16b)를 참고]' 라고 물었다."

> "오직 공의롭게 행하는 자, 정직히 말하는 자, 토색한 재물을 가중히 여기는 자, 손을 흔들어 뇌물을 받지 아니하는 자, 귀를 막아 피 흘리려는 꾀를 듣지 아니하는 자, 눈을 감

> 아 악을 보지 아니하는 자는 높은 곳에 거하리니 ……(사 33:15~16)."
>
> "그러고는 '정의를 지키며 의를 행하라' 며 이를 다시 둘로 줄였는데(사 56:1), 이때 마침 아모스가 와서 '여호와를 찾으라, 그리하면 살리라(암 5:6)' 로 정리하고 난 후, 하박국 선지자가 '의인은 그의 믿음으로 말미암아 살리라(합 2:4)' 로 규정했다."

613가지 계명을 열 하나와 여섯, 셋 혹은 하나의 원리로 축약했다는 건 왠지 석연치가 않다. 왜 그래야 하며, 계명의 균형은 어떻게 잡을 것인가? 몇 가지 원리에 성경 전체를 발견할 수 있다면 600개도 넘는 나머지 계명은 왜 존재한단 말인가? 그것이 비교적 덜 중요하거나, 불필요한 사족에 지나지 않다는 이야기인가?

라쉬는 위에 언급된 탈무드 본문을 다음과 같이 해명했다.

> "애당초 사람들은 그토록 많은 계명을 수용할 만큼 의로웠으나 세대를 거듭할수록 의가 메말라버리고 말았다. 그래서 모든 계명을 다 지키려 해도 그에 미치지 못하는 경우가 비일비재했기에 다윗이 이를 11개로 정리한 것이다. 그것만 지켜도 의롭다고 간주되었으나 후손이 [성경의] 계명을 차츰 줄여갔다."

마하르샤(랍비 쉘로모 에이들레스Shelomo Eidles, 1555~1632)는 라쉬의 해명에 이의를 제기했다. 그는 다양한 고전 문헌을 인용하며 "축약된 사례가 발견되더라도 다른 계명이 제외된 것으로 이해해서는 안 된다"고 지적했다. 즉, 폭넓은 원리라는 틀에 계명이 전부 들어있다고 해석해야 한다는 것이다. 따라서 하박국의 원리("의인은 믿음으로 살리라")는 열 마디 말씀의 첫 번째인 '하나님 여호와의 존재'를 믿는다는 것을 가리키며, 하나님이 성경을 주신 것과 시내산에서 들려준 말씀이 성경이라는 믿음도 아우른다고 그는 주장했다. 즉, 광대한 정의에 모든 계명이 녹아있다는 이야기다. 그렇다면 탈무드가 인용한, 축약된 계명에는 성경의 전 영역을 담고 있다고 봐야 한다.

이를 근거로 삼는다면 탈무드 『마코트 24』에 기록된 어구를 해명할 수 있을 듯싶다. 본문은 다윗이나 이사야, 미가, 아모스 혹은 하박국 선지자가 성경을 몇 가지 원리로 '줄였다' 거나 '축약했다' 거나 혹은 '생략했다' 고 말하지 않았다. 대신, '세우다/서다(עוֹמֵד, 오메드)' 에서 파생된 어구(הֶעֱמִידָן, 헤에미단)를 썼으므로 탈무드 본문은 이스라엘 선지자와 지도자가 613가지 계명을 몇 가지 원리로 구성된 기반 위에 두었다(놓았다, 정립했다)고 보는 편이 적절할 것이다. 물론 이 원리는 성경을 대신한다기보다는 전체를 모두 구현한다고 해석해야 한다. 작디작은 핵nucleus이자 성경의 숨은 기반인 원리는 결국 성경의 전 영역으로 확대되고, 종종 눈에 띄진 않지만 다양한 계명을 하나로 묶어줄 것이다(앞서 살펴본 모세의 간략한 기록도 이치는 같다).

그러므로 원리는 성경을 줄인 것이 아니라 그 본질을 포착하려는 노력으로 이해해야 한다(모세도 하나님의 본질을 이해하기 위해 '당신의 영광을 보이소서(출 33:13)' 라고 물었다).

하나님은 여러분에게 무엇을 요구하시는가?

"여정이 길진 않을까 겁먹지 말고 일단 걸으십시오. 앞날을 염려하지 마십시오. 방대한 계명과 법도와 규례에 부담을 느낄 필요는 없습니다. 계명의 작은 씨앗을 심고 믿음으로 이를 가꾼다면 조만간 하나님의 말씀이 촘촘히 달린, 거대한 떡갈나무를 보게 될 겁니다." 모세와 이사야, 미가, 아모스, 하박국, 랍비 아키바 및 랍비 힐렐이 이구동성으로 하는 이야기다.

17

양의 울음소리는 대체 무엇입니까?

17 양의 울음소리는 대체 무엇입니까?

"만군의 여호와께서 이같이 말씀하시기를 아말렉이 이스라엘에게 행한 일 곧 애굽에서 나올 때에 길에서 대적한 일로 내가 그들을 벌하노니, 지금 가서 아말렉을 쳐서 그들의 모든 소유를 남기지 말고 진멸하되 남녀와 소아와 젖먹는 아이와 우양과 낙타와 나귀를 죽이라 하셨나이다 하니."

— 『사무엘상(15:2~3)』

사울왕의 비애:
양의 울음소리는 대체 무엇입니까?

사무엘 선지자는 이스라엘의 숙적인 아말렉과의 전투에 앞서, 하나님의 이름으로 사울에게 그의 본분을 지시했다.

아말렉을 모조리 진멸해야 한다는 주문이었다.

결국 사울은 역사적인 전투에서 승리를 거두었으나, 본문 15장 8절은 그가 아말렉의 아각 왕을 생포했다고 기록했다. "사울과 백성이 아각과 그의 양과 소의 가장 좋은 것 또는 기름진 것과 어린 양과 모든 좋은 것을 남기고 ……(삼상 15:9)."

사울은 승전가를 부르며 복귀했다. 승리감에 도취된 그는 사무엘 선지자에게 "아말렉과 모든 소유를 진멸하라는 하나님의 명령을 완수했다"고 통보했다. 그러자 "양의 울음소리는 대체 무엇입니까?(삼상 15:14)"라며 사무엘이 받아쳤다.

사무엘이 하나님의 계명(아각 왕을 죽이고 아말렉을 진멸하라)을 사울에게 전할 때 그는 '사족'처럼 보이는 세 단어 — "벌로 타흐몰 알라브(וְלֹא תַחְמֹל עָלָיו, 그를 동정하지 말라)(삼상 15:3)" — 를 덧붙였다. 동정을 둘러싼 경고가 하나님의 말씀인지, 사울의 마음을 잘 아는 탓에 하나님의 계명을 완수하는 데

걸림돌이 되는 본성을 억제하고 결단력을 발휘하길 바라는 사무엘 자신이 추가한 것인지는 분명하지 않다. 어쨌든, 사울은 동정심을 갖지 말라는 경고성 메시지를 듣는다. 본문(9절)은 아말렉을 정복한 사울을 가리켜 동일한 단어("그러니 사울과 백성은 아각과 양의 가장 좋은 것에 동정을 품고는 — 'ויחמל, 바야흐몰' — 이를 진멸하지 않았더라")를 썼다.

하나님은 사무엘에게 "사울이 계명을 위반했다"고 즉각 통보하셨다. 그러나 사무엘이 일찍부터 사울을 만나자 그는 일말의 가책도 없이 주님의 계명을 지켰다고 대꾸했다.

이해하기가 쉽지 않은 발언이다. 사울은 자신이 계명을 지키지 않았다는 사실을 몰랐을까? 분명 하나님의 선지자를 기만할 생각은 아니었을 것이다.

그렇다, 사울은 사무엘을 속이려했다기보다는 계명을 완수했다고 오해한 것이다. 왕과 가축을 비롯하여, 아말렉을 진멸하지 않았다는 사실은 사울도 분명히 알고 있었고 이해하기가 어렵지도 않다.

사무엘은 본문 14절에서 사울의 정수를 꿰뚫을 뿐 아니라, 수세기간 죄를 스스럼없이 부인하려는 모든 이들에게 정곡을 찌르는 질문을 던진다. "그러면 내 귀에 들려오는 이 양의 소리와, 내게 들리는 소의 소리는 어찌 됨이니이까?"

> "그것은 무리가 아말렉 사람에게서 끌어온 것인데 백성이 당신의 하나님 여호와께 제사하려 하여 양들과 소들 중에서 가장 좋은 것을 남김이요. 그 외의 것은 우리가 진멸하였나이다 하는지라(삼상 15:15)."

여기서 주요 어구를 살펴보자. 그는 "우리"라 하지 않고 "무리가 끌어온 것 ……"이라 했고 "내가 남겼다"가 아니라 "백성이 …… 가장 좋은 것을 남겼다"고 둘러댔다.

사울은 "내가 아니라 그들이 했다"며 죄와 자신을 분리시키고 있다. 그런데 의도는 좋아 보였다. 전리품을 '사취' 하지 않았으므로 이기적인 마음이 발동한 것은 아니기 때문이다. 살려둔 것은 "주님께 바칠 것" 이었고 "나머지는 진멸했다" 고 한다.

또한 "우리 하나님" 이나 "하나님" 이 아니라, "당신의 하나님" 이라고 말한 것도 눈여겨봐야 한다. 사울은 자비를 베풀지 말라는, 사무엘의 하나님에게서 거리를 두었다는 말인가? (의식적이든, 그렇지 않든) 죄의 무거움을 깨달은 그에게 반항심이 생긴 것은 아닐까? 아니면, 합리적인 판단력이 증발해버린 탓에 자신이 감당하기 어려운 주문(자비를 삼가라)을 앞두고 반감이 작용했다고 보는가?

자비라는 덕목을 두고도 의문은 끊이질 않는다. 이를테면, 본문은 왜곡된 자비를 예시하고 있는 걸까? 따지고 보면, 사울은 '자비의 화신' 이라 해도 과언이 아닌 라헬의 후손이 아닌가? 라반의 속임수로 야곱의 '대리 신부' 가 된 레아를 위해 영웅적인 면모를 과시한 사람은 바로 라헬이었다(창 29:22~25). 탈무드에 따르면, 야곱은 라반이 두 자매를 바꿀 거라는 것을 눈치 채고는 신부임을 입증할 수 있는 비밀 표식을 라헬에게 미리 건네주었다고 한다. 그러나 혼인식 당일, 라헬은 언니가 수치를 당할까 두려워 그녀에게 표식을 양보했다는 것이다(탈무드 메길라 13b, 바바 바트라 123a). 예레미야 선지자 또한 본토에서 추방되는 유대인을 두고 통곡할 때 "자녀를 위해 우는" 성경인물로 라헬을 꼽았다(렘 31:14). 이처럼 라헬은 자비와 동정의 화신이었다.

따라서 자비와 동정은 사울의 주요 자질 중 하나였다. 사무엘이 "왕에게 동정을 베풀지 말라"는 주문 뒷면에 사울의 자비가 발동했을지도 모른다.

사실, 자비는 틀이 필요하다. 한계가 없는 것도 아닌 데다 보편적이나 임의로 적용될 수 없기 때문이다. 즉, "하늘에서 단비처럼 떨어지는 것"이(셰익스피어가 쓴 『베니스의 상인』에 나오는 발타사르의 대사—옮긴이) 자비일지도 모르지만 기준이 있어야 한다는 이야기다. 이를테면, 환자가 불쌍하다는 이유로 피부를 도려내어 종양을 제거하지 않는 의사를 두고 자비롭다고 할 수 없는 것처럼, 사울이 아각 왕을 살려두었을 때 역시 그는 자비의 본질을 엉뚱하게 적용했을지도 모른다. 하나님은 악의 화신인 아각이 죽기를 원하셨다. 엄밀히 하나님보다 자비한 자는 없다. 주님은 "자비롭고 은혜롭고 노하기를 더디하고, 인자와 진실이 많은 하나님(출 34:6)"이다. 자비의 화신이자 근원이신 하나님은 필요하다면 피조물에게 "이 자질을 중단하라"고 말씀하실 수 있다. 예컨대, 주님은 우상을 숭배하자고 선동하는 자를 두고 "너의 눈은 그를 불쌍히 여기지 말고 어떤 자비도 품어서는 안 된다(신 13:9)"고 명령하셨다. 여기서도 사무엘 선지자가 선택한 것과 같은 단어를 썼다(לֹא תַחְמֹל, 로 타흐몰). 자비를 둘러싼, 인간의 해석은 하나님의 명령을 적용하는 시금석이 될 수 없으며, 자비는 주관적인 자아를 초월하는 정박지 mooring가 필요한 법이다(사울의 주관적인 견해는 요마 22b를 참고).

사무엘과 사울이 대면한 것은 이번이 처음은 아니다. 13장에서도 사울은 계명을 위반했다. 사무엘은 사울에게 블레셋과의 전쟁 전 7일을 기다리면 그가 하나님께 제사를 드리겠다고 일렀으나, 사울은 7일을 다 채우기 전에 두려움과 조바심이 나서 사무엘이 도착하기에 앞서 직접 번제를 드렸다.

마침내 사무엘이 이르러 사울이 그를 기다리지 않았다는 사실을 눈치 채고는 짤막하게 묻는다. "마 아시타(무엇을 행하였나이까)?"

몰라서 물은 것은 아니다. 사무엘은 사울의 잘못을 알고 있었으니 이는 책망이라고 봐야 옳을 것이다. 어찌 보면, 금송아지 사건 당시 모세가 아론에게 물은 말("이 백성이 당신에게 무엇을 행했습니까?")(출 32:21)을 연상시키는 대목이기도 하다. 물론 그가 아론뿐 아니라 "백성"을 질책했다는 점에서는 사무엘의 경우와 좀 다르긴 하다.

'무슨 일을 저지르신 겁니까? 결과가 어떨지 알고 그러신 겁니까?'

사울은 해명하려고 애썼다. "백성은 내게서 흩어지고, 당신은 정한 날 안에 오지 아니하고, 블레셋 사람은 믹마스에 모였음을 내가 보았으므로 이에 내가 이르기를 '블레셋 사람들이 나를 치러 길갈로 내려오겠거늘 내가 여호와께 은혜를 간구하지 못하였다' 하고 부득이하여 번제를 드렸나이다(삼상 13:11~12)."

사무엘의 마음은 조금도 흔들리지 않았다. 말수가 적은 그는 "어리석은 일을 저지르셨군요(נִסְכַּלְתָּ, 니스칼타)"라고 받아치고는 하나님의 명령을 위반했으니 사울은 왕권을 잃을 것이며 하나님은 이스라엘의 왕으로 '마음에 합한 자'를 다시 찾으실 거라고 경고했다(삼상 13:14). 그런데 이번에는 아말렉 진영을 진멸하라는 명령을 위반하여 왕권을 둘러싼 비극은 결국 정점을 찍게 되었다. (사울의 죄를 논의한 랍비 데이비드 킴히David Qimhi와 랄바그Ralbag의 주석을 참고)

그렇다면 '모든 백성보다 어깨 위만큼 더 컸다'는(삼상 9:2) 사울이 사무엘에게 시치미를 뗀 이유와, 이스라엘 왕인 그가 백성에게 책임을 전가한 까닭은 무엇일까?

앞서 살펴본 바와 같이, 정답은 사울이 누구도 속이려하지 않았다는 데 있다. 즉, 그는 자신의 행동이 옳다고 생각했다.

그런 점에서 사울은 신의 영감을 받은 '영적인 거인 spiritual giant'으로, 성경은 그를 여호와께서 택하신 자(삼하 21:6)라고 했으며 모세처럼 선하다(출 2:2, 삼상 9:2)고 기록했다. 또한 탈무드는 그를 당대의 빼어난 성경학자요(기틴 59a), 하나님의 성호를 성별할 가능성이 무궁무진하다고 했으나 그 역시 인간에 지나지 않았다. 게다가 자신의 그릇된 처신을 합리화할 가능성도 한계는 없었으리라.

창조주 하나님 앞에서 무죄를 주장하는 것은 극히 정상적인 행동이다. 우린 잘못이 없다고 끝까지 우겨댄다. 우린 최선을 다했으니 말이다. 그러나 가난한 자를 외면하고, 무고한 사람을 중상하며 사리사욕을 위해 진실을 왜곡

한 점을 주님이 지적할라치면,

"아, 그거요? 그게 뭐 대수인가요? 사실 그가 자초한 일로 욕을 먹은 것이고, 제가 속인 사람은 사기꾼이라 '너도 한번 당해봐라' 하는 생각에 그랬던 겁니다. 물론 제가 잘했다는 건 아니지만, 그럴 수밖에 없었던 사정이 있었습죠. 결코 상습적으로 그런 것은 아닙니다. 예, 맞습니다. 계명도 거의 어기면서 살았고, 기도생활도 게을렀고, 중언부언하는 기도도 비일비재하게 했습니다만 그게 다 처자식 먹여 살리느라 바빠서 그랬던 겁니다. 가정을 돌보는 것도 계명이 아닌가요?"

라고 둘러대기 일쑤다.

흔히 들을 수 있는 핑계지만 사무엘은 묻는다. "그러면 내 귀에 들려오는 이 양의 소리는 어찌 됨입니까?" 변명이나 합리화로는 양의 울음소리를 그치게 할 수 없다. 죄의 증거는 사라지지 않고 허공에 남아있는 법이다.

그러나 인간은 잘못을 해명하고 그릇된 행위를 의로운 것으로 '세탁' 할 방법을 찾는다. 양의 울음소리는 귀를 막아 외면해버리고 빠져나갈 구멍을 만들면 이를 긍정적인 의도로 둔갑시킨다는 것이다.

이스라엘 초대 왕인 사울은 하나님의 선택을 받은 자인데다 이스라엘 백성보다 어깨 위만큼 컸으나 자신의 잘못을 볼 수 없어 최종 '실격 처리' 되고 말았다. 또한 그는 "무슨 일을 하신 겁니까?" 라는 사무엘의 물음에도 대답하지 못했다.

이 사건은 평민에게도 좋은 본보기가 되었다. 사울처럼 위대한 사람도 자기합리화에 빠져 지위가 박탈되었으니 보통 사람들은 더욱 경각심을 늦춰선 안 된다는 것이다.

때문에 유대교는 회개를 매우 중요하게 여기며, 자신의 일탈을 분명히 시인할 수 있어야 진정한 '터슈바(תְּשׁוּבָה, 회개)' 가 따른다고 이야기한다. 자신의 행동이 하나님의 가이드라인을 벗어났다는 점을 깨끗이 인정할 뿐 아니라, 과오를 뒤로하고 자신의 소욕이 아닌 하나님이 일러주시는 방향으로 전진할 수 있는 사람이 인간의 본능을 극복할 수 있다. 그는 잘못을 정당화하지 않고 자신을 추슬러 다른 미래에 눈을 돌린다. 때문에 랍비들은 가장 의로운 사람도 순수한 회개에 빗될 수는 없다고까지 가르친다(버라호트 34b).

세상에는 양의 울음소리를 들을 수 있는 사람과 듣지 않는 사람, 두 부류가 있다.

논점에서 멀어질 듯해도 꼭 짚고 넘어가야 할 점은 '왜 사울은 (사무엘을 기다리지 않았다는 이유로) 왕권을 박탈당하는 중징계를 받았는가?' 하는 것이다. 그가 저지른 죄가 그토록 무거운 것인가? 그는 사무엘만이 바칠 수 있었던 번제(עֹלָה, 올라)를 하나님께 드렸을 뿐이다. 번제는 제물을 전부 불살라버리므로 자신에게 돌아갈 유익은 없었다. 게다가 작전 중이었던 사울의 사정을 들어보자면, 군대가 흩어지고 엄청난 수효의 적군이 인근 언덕에 모였음에도 그는 7일간 선지자가 오기를 기다렸다고 한다.

그러나 사무엘에게는 변명이 통하지 않았다. 그는 사울이 "하나님의 명령을 거역했으므로 또 다른 왕이 선택될 것"이라고 잘라 말했다. (사무엘은 '악하다' 든가 '반항한다' 혹은 '믿음이 없다' 대신 '어리석다(נִסְכַּלְתָּ, 니스칼타)' 며 사울을 책망했다. 『요마(22b)』에 따르면, 그는 사울이 악하거나 반항을 일삼거나 혹은 믿음이 부족하지 않다는 점을 알고 있었다고 한다. 다만 하나님의 지시를 따르지 않은 까닭을 어리석게 합리화하려 했기 때문에 그렇게 책망한 것이다)

유대 역사를 보면, 그 전에도 비슷한 이유로 심각한 죄를 저지른 때가 있었다. 『출애굽기(32:1)』에 따르면, "모세가 산에 내려옴이 더딤을 보고 ……" 백성은 아론에게 그들을 인도할 신을 만들라고 주문한다. "애굽 땅에서 인도한 사람이 어찌 되었는지 알지 못하기 때문"이라고 대꾸했다. 그들은 금송아지를 만들고는 먹고, 마시며, 뛰놀았다(출 32:6).

이스라엘 백성이 광야에서 저지른 행동과 사울의 처신은 둘 다 죄다. 이를 비교해보면, 이스라엘 백성은 광야에서 우상을 만들었으나 사울은 일찌감치 번제를 드렸다는 것이다(우상이 아니라 하나님께 드렸다!). 그런데 아론은 모세의 분노에도 리더의 역할을 박탈당하지는 않았다. (성경은 모세가 개입하지 않았다면 하나님은 아론을 죽이셨을 거라고 기록했다. 모세는 이스라엘과의 고별사에서 금송아지를 언급하며 "여호와께서 또 아론에게 진노하사 그를 멸하려 하셨으므로 내가 그 때에도 아론을 위하여 기도했다……(신 9:20)" 고 한다)

어쨌든, 아론과 달리 사울은 리더의 지위를 박탈당했다(죄질이 그리 나빠 보이지도 않고 쉽게 이해할 수 있지만). 아론은 금송아지를 만든 책임이 없었고 이를 지연시키려고 애쓴 반면, 사울은 직접 죄를 저질렀기 때문에 그럴까?

아론은 이스라엘의 왕이 아니었는데, 혹시 이스라엘 왕은 제사장보다 더 엄정한 기준을 적용했기 때문일까? 하나님께서는 애당초 이스라엘을 치리할 군주를 두는 것이 마음에 걸렸지만(삼상 8:7) 『창세기(49:10)』에서 밝힌 바와 같이

("규가 유다를 떠나지 아니하며 통치자의 지팡이가 그 발 사이에서 떠나지 아니하기를 ……"), 군주는 베냐민(사울)이 아니라 유다(다윗)의 계보에서 나온다는 말씀을 성취하기 위해서 그러셨을지도 모른다(나흐마너디의 주석 참고).

혹은 백성이 그의 지위를 깎아내릴 만큼 사울이 왕답게 처신하지 못해 사무엘이 그를 훈계했기("왕이 스스로 작게 여길 그 때에 이스라엘 지파의 머리가 되지 아니하셨나이까?") 때문은 아닐까(삼상 15:17)?

결국 그가 "내가 백성을 두려워하여 그들의 말을 청종하였다(삼상 15:24)"고 자백해서 그런 것은 아닐까?

사울이 즉각 책임을 시인하지 않고, 군대가 흩어졌다는 둥, 사무엘이 나타나지 않았다는 둥, 적군의 수효가 많았다는 둥, 갖가지 변명을 늘어놓았기 때문일까? 아말렉과의 전투가 끝났을 때도 사울은 자신의 책임을 백성에게 전가했다. 하지만 아론도 금송아지 사건의 책임을 인정한 적은 없었다(출 32:22~24).

하나님께서 모세나 아론을 편애하셨다는 인상을 불식시키기 위해 하나님의 명령이 충실히 이행되지 않은 다른 사건에 주목해보자. 『민수기(20:8)』에 다르면, 하나님은 이스라엘이 물이 없다며 불평하자 "그들의 목전에서 반석에 명령하여 물을 내라 하라"고 모세에게 말씀하셨다. 그러나 모세는 반석에 명령하지 않고 물이 나올 때까지 지팡이로 이를 두 번 쳤다고 한다. 하나님의 보응은 신속하여, 모세와 아론에게는 변명할 기회가 아예 없었다. 다음 절을 보면, 주님은 "너희가 나를 믿지 아니하고 이스라엘 자손의 목전에서 내 거룩함을 나타내지 아니한 고로 너희는 이 회중을 내가 그들에게 준 땅으로 인도하여 들이지 못하리라(민 20:12)"고 단언하셨다. 물론 명령을 위반하기도 했지만 그보다는 하나님의 성호를 거룩하게 구별할 기회를 놓쳤다는 점이 중요했다. 어쨌든, 하나님의 명령을 따르지 않은 이유로 과중한 심판을 받은 인물이 사울만 있는 것은 아니다. 그러면 다윗의 경우를 살펴보자. 그는 밧세바의 남편에게 몹쓸 짓을 저질렀지만 왕권을 잃지는 않았다. 미드라쉬(잠언 27)에 따르면, 사울은 왕위를 박탈하셨으나 다윗은 그러지 않으신 까닭을 구원의 천사가 물었다고 한다. 그러자 다윗은 위기를 만날 때마다 하나님의 인도를 구했으나 사울은 그러지 않았다는 것이 하나님의 해명이었다. 또한 나단 선지자에게 책망을 들은 다윗은 주저하지 않고 자신의 죄를 인정했다(삼하 12:7, 13, 랍비 Y. 알보의 『세이페르 할카림(4:26)』 참고).

(다윗의 죄를 좀더 논의하려면 본서 5장 — '제 죄가 감당할 수 없을 만큼 큽니까?' — 끝부분을 참조할 것)

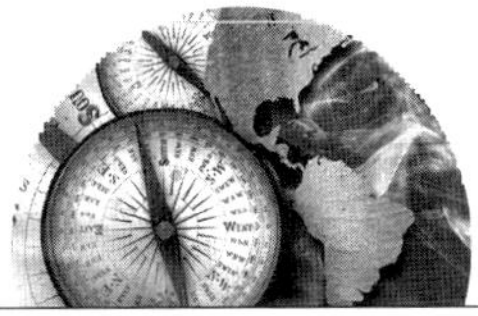

18

죽으면 무슨 유익이 있으리오?

18 죽으면 무슨 유익이 있으리오?

"내가 무덤에 내려갈 때에 나의 피가 무슨 유익이 있으리요?"

— 『시편(30:10)』

사람이 없는 하나님: 사람이 죽으면 무슨 유익이 있으리요?

본문에 기록된, 가슴이 타는 듯한 기도는 전 문맥을 아울러 살펴봐야 한다. 이 시는 다윗이 죽음에서 건지신 하나님께 감사하는 노래다. 그는 하나님께 부르짖었을 때 당신이 무덤에서 그를 건지시고 생명을 보존하신 경위를 회상한다(3~4절). 10절에서는 목숨을 건지신 하나님께 드린 기도에서 사용한 어구를 열거했는데, 이는 매우 절묘하고도 완벽한 틀을 갖춘 기도였다.

> 내가 무덤에 내려갈 때
> 나의 피 안에 무슨 유익이 있으리요?
> 진토가 당신을 인정하며
> 그것이 당신의 진리를 이야기할 수 있겠나이까?

물음과 기도를 깊이 묵상해보면 하나님과 인간의 관계를 둘러싼 진리가 드러나게 된다. 이를테면, 다윗은 자신의 생명을 위해 기도하면서도, 한편으로는 이스라엘의 명맥이 보존되도록 탄원하고 있다고 볼 수도 있다. (인류의 죽음을 둘러싼 원래의 섭리 — 아담과 하와의 죄가 초래한 결과 — 를 되돌려달라는 뜻으로 해석할 수 있으나 이는 별도로 논의하겠다)

> 제가(혹은 유대인이) 죽으면 무슨 유익이 있으며, 저희가 존재하지 않는다면 어떤 목적이 성취되겠습니까? 우리 외에 누가 하나님을 찬양하며, 감사의 시를 노래하며, 당신의 가르침을 세상에 전파하겠습니까? 다윗이 이야기했듯이, 저

나 이스라엘 백성이나 완벽한 사람은 없습니다만, 하나님은 당신의 위대한 성품을 노래하고 모든 피조물에 당신의 사랑을 전파하려면 저희가 필요하실 겁니다. 우리가 존재하지 않는다면 누가 당신의 위대한 성품과 권능과 자애를 증명해 보이겠습니까? 우리를 무덤에 보내신다면 무슨 유익이 있겠습니까? 저희는 죽어 마땅하지만 누구에게도 소득은 없을 것입니다. 하나님도 당신의 세상에서 영향력이 축소될 테니까요.

모든 피조물이 주님을 찬양할 수 있다손 치더라도 이스라엘만이 당신을 잘 압니다. 무생물이 하나님을 찬양할 수 있다 해도 그것이 무슨 가치가 있겠습니까?

진토가 주님께 감사하거나, 주님을 찬양하거나, 혹은 주님을 인정하거나 주님의 진리를 이야기할 수 있을까요? 진토는 진토일 뿐 그것의 찬양과 감사와 인정이 무슨 가치가 있겠습니까?

저 또한 티끌에서 왔으나, 하나님은 티끌에 영혼과 마음을 불어넣으셔서 산 인간으로 바꾸어주셨습니다. 그렇게 살게 된 저에게는 무한한 가능성과 폭넓은 선택권이 있습니다. 마음만 먹으면 하나님 곁을 떠날 수도 있습니다. 하지만 그러고픈 유혹이 찾아와도 이를 완강히 거부할 수 있는 것은 사람뿐입니다. 그러니 인간이 하나님을 인정한다는 것은 매우 중요하며, 인간이 주님을 인정했기에 당신의 실체가 우주에 임재 할 수 있게 된 것입니다. 그 같은 찬양만이 영원한 주님의 임재를 입증할 증거가 됩니다.

그러나 삶이 막을 내린다면 하나님의 종이던 영혼의 본분도 그렇게 될 겁니다. 설령 영혼이 당신께 돌아가서 영원히 산다 해도 더는 하나님을 섬기거나 주님 앞에서 노래할 수는 없을 것입니다. 영혼이 육신에서 분리되고, 내가 다시 하나님을 찬양하는 진토로 돌아간다면 그런 찬양은 별 의미가 없습니다.

생명을 간구하는 절박한 기도문이다. 다윗이 삶의 중요

성을 강조했다는 데 주목해보자. 그는 인생의 목적을 가리켜 식욕이나 쾌락을 충족시키거나 권력을 휘두르는 것이 아니라, 매순간 하나님의 임재를 보기 위해 자신을 적응시키고, 이를 다양한 방식으로 인정하는 것이라고 정의했다. 하나님께서 인간을 위해 예비하신 만물을 보고, 물리적인 세계의 질서와 아름다움을 의식할 수 있다면, 혹은 하나님께서

동산에 핀 장미에
하늘을 나는 새에
잎사귀에
유리창에
햇볕에
아름다운 눈송이에
생명을 소생시키는 비에
강력한 대양과 굽이치는 강에
광활한 사막에
드높은 하늘에

은하수와 행성에
심연에
우뚝 솟은 산에
작은 곤충의 생명력에
갓난아이의 탄생에
인간의 사랑과 선의지에

임재하심을 체험한다면 만상을 보는 눈이 달라질 것이다. 이를테면, 하나님의 임재에 감정을 주체할 수 없는 사람이 있는가 하면, 당신의 영광을 열거하거나, 주님을 찬양하거나 혹은 그분의 섭리와 주권에 자신을 맡기는 사람도 있을 것이다.

하나님의 피조물 가운데, 이를 의식할 뿐 아니라 하나님을 만상의 주권자로 인정할 수 있는 자가 누구인가? 오직 인간뿐이다. 그런데 주님의 임재를 증언하기에 안성맞춤인 민족은 단연 이스라엘이다. 따라서 인간이나 이스라엘이 사멸한다면 하나님의 정체성은 어느 정도 축소될 것이다. 이는 다윗이 『시편(88:12)』에서 “인자하심을 무덤에서, 주의 성실하심을 멸망 중에서 선포할 수 있으리이까?”라고 노래한 대목과도 일맥상통한다.

‘베짜, בֶּצַע’는 ‘유익’이나 ‘소득’으로 번역되는데 특히 하나님과 결부될 때는 도덕적이자 영적인 의미를 갖지만 때로는 야비한 인상을 줄 때도 있다. 예컨대, 유다는(같은 어구를 조합하여) ‘마 베짜, מַה בֶּצַע’ 하니 “요셉을 죽이지 말자”고 설득했다. 즉, 동생을 죽인들 아무런 유익이 없으니(창 37:26) 차라리 노예로 팔면 그 편이 더 나을 거라는 이야기다. 한편, 모세는 동역자를 선택할 때 “진리의 사람들로, ‘베짜, בֶּצַע’를 싫어하는 자(뒤끝이 켕기는 소득을 싫어하는 자)”를 택하라는 명령을 받았으며,(출 18:21) 예레미야는 ‘베짜(בֶּצַע)라면 무엇이든 할 사람들’을 힐난했다(렘 6:13).

다윗 왕은 하나님과 관계된 ‘베짜, בֶּצַע’를 썼다. 즉, ‘우리가 죽으면 하나님께 아무런 유익이 없을 것’이란 이야긴데, 얼핏 들으면 매우 거만하고 불손하게 느껴질지도 모르나 절박한 탄원으로 해석할 수도 있을 것이다. 하나님께서 우리의 목숨을 취하시면 무슨 유익이 있겠으며, 무슨 소득을 얻어 가시겠습니까?

어쩌면 다윗은 여기서 심오한 진리를 지적하고 싶었는지도 모른다. 이를테면, 사람이 없는 하나님은 세상에서 매우 중요한 존재를 잃은 셈이라는 것이다. 우리가 존재하지 않는다면 하나님의 권능이 줄어들 테니 당신께도 중요한 문제가 된다는 이야기인가? 이에 다윗은 "그렇다!"고 대답한다.

창조주 하나님은 전능하신 데다 다른 존재가 필요 없으실 것 같지만 다윗은 '베짜, בֶּצַע' 를 써서 '인간이 사라진다면 하나님이 축소된다' 는 충격적인 견해를 털어놓고 있다. 다윗이 하나님께 전달하려는 메시지에 따르면, 하나님은 당신의 신비한 섭리로 인간을 세상의 대변자와 관리자로 임명하셨고, 하나님과 인간 사이에는 '파트너십 partnership' 이 존재한다고 한다. 『창세기(1:28)』에서 인간은

"땅에 충만하고 이를 정복하라"는 말씀을 들은 후, 2장 15절에서는 "경작하고 지키기 위해" 에덴동산에 자리를 잡았다. 그에게 하나님이 필요하다는 점은 두말하면 잔소리지만, 주님도 인간을 피조물의 관리자(지상 동역자)로 세웠으므로 당신 또한 사람이 필요하다는 논리가 성립된다는 것이다.

이런 개념은 성경에서 좀 더 확장된다. 하나님은 아브라함 및 이스라엘 백성과 언약을 맺으시는데, 여기서 하나님은 이스라엘이 하나님의 임재를 보전한다면 그들과 우주도 보전할 것을 약속하셨다. 그러면 하나님은 우리의 신이 되고 우리는 당신의 백성이 된다. 특히, 우리가 주님의 백성인 동시에, 당신의 가르침을 세상에 전파하는 대사 ambassadors가 되어 주님의 섭리를 실현한다면 하나님도 우리를 보전하실 것이다.

이스라엘과 하나님이 창조의 동역자라면 상부상조해야 마땅하다. 그러므로 이스라엘이 존재하지 않으면 하나님은 지상 관리자뿐 아니라, 당신의 메시지를 인류에 전할 수단을 잃게 되는 셈이다. 다윗의 주장대로, 우리는 하찮은 동역자일수도 있으나 그렇다고 해서 동역자의 신분이 없어지는 것은 아니다. 또한 우리의 역할을 대신할 피조물은 없다. 그러니 오, 하나님! 우리가 사멸한다면 주님께 무슨 유익이 있겠습니까.

> 내가 무덤에 내려갈 때
> 나의 피 안에 무슨 유익이 있으리요?
> 진토가 당신을 인정하며
> 그것이 당신의 진리를 이야기할 수 있겠나이까?

우리는 시편을 쓴 다윗 왕에게서, 특히 고난을 당할 때 창조주 하나님께 기도하는 법을 배울 수 있다. 하나님께 찬송과 감사를 드리거나 당신의 전능하심을 인정하는 기도도 있지만 간구하는 기도 역시 하나님께 나아가는 방법이 될 수 있다. 기도에서 간구가 차지하는 비중은 꽤 큰 편인만큼, 자신의 필요를 구하는 것을 부끄럽게 생각해서는 안 된다. 하나님은 기도를 듣고 싶어 하시며 우리가 당신과 연합하여 진솔한 관계로 발전하기를 원하신다. 물론 하나님 앞에서는 예의를 갖춰야 하나, 좀 어렵더라도 주님의 문을 과감하게 두드릴 수 있어야 할 것이다.

다윗이 생명만을 간구한 것은 아니라는 점도 눈여겨봐야 한다. 다윗은 그 보답으로 무언가를 약속했다. 그가 연명해야 하나님을 시인하고 그를 찬양할 수 있는데, 바로 이것이 기도의 중요한 패러다임이다. 기도는 하나님께 가까이 나가갈 뿐 아니라 주님과 연결되려는 노력의 일환이다. 인간은 다윗처럼 자기만의 독특한 방법으로 하나님을 찬양할 수 있다. 예컨대, 자선을 베풀거나, 계명을 준행하거나, 소홀히 여겼던 계명에 관심을 갖거나, 기도에 좀 더 집중하거나. 이웃의 단점을 이해하려고 노력하거나, 혹은 시간을 내어 하나님의 말씀을 연구해도 좋을 것이다.

기도는 예루살렘 성전이 무너졌을 때 공식적으로 체계가 잡혔고 중단된 성전 제사의식을 대신했다. 하나님은 빈

손으로 나올지라도 우리를 반기시지만 주님께 나아가려면 무언가를 보답으로 드리는 것이 바람직하다.

하나님은 공식과 비공식을 떠나 (당신이 아닌 우리를 위해) 기도를 듣고 싶어 하신다. 우리가 주님을 인정해야 더 나은 창조 사역의 동역자가 될 수 있기 때문이다. 하나님은 이스라엘의 생명이 보전되기를 원하신다. 이스라엘이 그분을 인정한다는 사실을 당신도 잘 아시기 때문이다. 하나님은 무생물보다는 살아있는 피조물이 나오기를 바라실 것이다.

내가 무덤에 내려갈 때
나의 피 안에 무슨 유익이 있으리요?
진토가 당신을 인정하며
그것이 당신의 진리를 이야기할 수 있겠나이까?

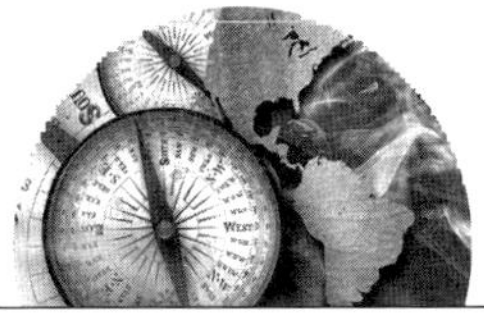

19

어찌 이방 땅에서 주님의 노래를 부를까?

19 어찌 이방 땅에서 주님의 노래를 부를까?

우리가 바벨론의 여러 강변 거기에 앉아서 시온을 기억하며 울었도다.
그 중의 버드나무에 우리가 우리의 수금을 걸었나니
이는 우리를 사로잡은 자가 거기서 우리에게 노래를 청하며 우리를 황폐하게 한 자가 기쁨을 청하고 자기들을 위하여 시온의 노래 중 하나를 노래하라 함이로다.

우리가 이방 땅에서 어찌 여호와의 노래를 부를까? 예루살렘아 내가 너를 잊을진대 내 오른손이 그의 재주를 잊을지로다. 내가 예루살렘을 기억하지 아니하거나, 내가 가장 즐거워하는 것보다 더 즐거워하지 아니할진대 내 혀가 내 입천장에 붙을지로다.

— 『시편(137:1~6)』

선율의 의미:
어찌 이방 땅에서 주님의 노래를 부를까?

원수는 이해하지 못한다. 이 땅이나 저 땅이나 다를 바가 없다고 생각하니 말이다. 현주소가 어디든 상관없다는 것이 바벨론의 생각이다. 그들에게는 흙과 풀, 들판과 물, 양과 소가 어디든 다를 게 없다. 그래서 바벨론은 저를 위해 "시온의 노래"를 부르라고 주문한다.

"여호와의 노래를 부를 수 없다"는 것이 유대인의 대답이다. 여호와의 노래와 시온의 노래는 개념이 같기 때문이다. 시온의 노래란 이방 땅에서 부르는 노래가 아니라, 거룩하고 즐겁게 불러야 할 하나님의 노래다. 하나님의 땅이 아닌 곳에서는 그런 노래를 부를 수가 없다. 바벨론을 위한 시온의 노래는 찾을 수가 없다. 시온의 노래가 곧 여호와의 노래이기 때문이다.

사실, 유대인에게서 음악과 노래는 찾을 수가 없을 것이다. 쾌락과 즐거움과 잔치분위기를 찾아도 우리의 노래(שִׁירָה, 쉬라)는 즐거움을 위한 것이 아니라, 감사하는 마음으로 하나님을 찬양하는 것이다.

음악은 쾌락을 주는 것이 아니며 일상적인 미학도 초월한다. 유대인에게 음악은 하나님께 올라가는 사다리와도 같다. 음악은 육신적인 속세를 벗어나 영적인 세계로 올라갈 수 있도록 도울 뿐 아니라, 하늘의 거룩한 영을 받을 수 있도록 마음 문을 개방하기도 한다. 때문에 음악과 노래는 기도의 핵심요소라 해도 과언이 아닐 것이다. 유대인의 예배에 지대한 영향을 미친 『시편』은 창조주 하나님께 드리는 노래책이다. 그래서 예배의 일환으로 성경을 연구할 때도 노랫가락과 선율이 조화를 이루게 된다. 예컨대, 랍비 아키바는 성경을 연구할 땐 구절을 읊어보라고 종용했다. "성경을 매일 부르고, 또 부르라(산헤드린 99a~b)." 탈무드에 따르면, 천사도 하나님 앞에서 매일 노래를 불렀다고 한다(하기가 14a).

노래는 하나님께 나아가는 데 걸림돌이 되는 덤불을 제거하는, 신비한 힘을 갖고 있다. 히브리어 '제메르, זֶמֶר' 는 '노래' 라는 뜻이지만 '가지를 쳐내다' 라는 뜻도 있다. 따라서 『이사야(25:5)』의 '저미르 아리찜(זְמִר עָרִיצִים, 가지를 쳐내다)' 은 하나님께 나아가려면 '제메르(זֶמֶר, 노래)' 로 잘라낸다는 의미가 담겨있다는 것이다. 우리는 노래와 선율로 하나님과 하나가 된다. 유대인이 오전 기도의 핵심 부분을 '퍼수케이 데짐라(פְּסוּקֵי דְזִמְרָה, 노래 절)' 라고 하는 까닭은 그것이 『시편』에서 엄선한 구절로 되어있을 뿐 아니라, '잘라내는 절passages of cutting away' 도 되므로 하나님과의 만남을 훼방하는 것은 무엇이든 처리한다dispose는 의미도 아울러 담고 있기 때문이다. 이처럼 하나님과 소통하는 데 음악이 매우 중요한 탓에 레위인은 성전 제사에 동반되는 선율을 연주하기 위해 5년간 훈련을 받았다고 한다.

이스라엘 선지자들도 하나님의 영을 불러들이기 위해서는 음악이 필요했을 정도로 그 위력은 실로 막강했다. 예컨대, 『사무엘상(10:5)』는 — "선지자의 무리가 산당에서부터 비파와 소고와 저와 수금을 앞세우고 예언하며 내려오는 것을 만날 것이요 …….” — 선지자로 구성된 오케스트라를 기록하기도 했는데, 이는 선지자가 '심하(שִׂמְחָה, 즐거움)' 상태에서만 예언을 할 수 있었기 때문이다(샤바트 30b 참고). 하나님의 영을 받은 사람이라도 낙심하면 영은 마음이 회복되기까지 그를 떠났다. 따라서 야곱도 요셉을 애도하는 기간에는 영성을 잠시 잃었을 것이다.

그리고 사울 왕이 우울증에 빠져 하나님의 영이 떠나자 신하들은 '뮤지션(공교롭게도 차기 왕이 될 다윗이었다)'을 불러들여야 한다고 제안했다. 그를 떠났던 하나님의 영이 음악으로 회복될 것이기 때문이다(삼상 16:14~22).

그뿐 아니라, 『열왕기하(3:15)』는 뮤지션이 "거문고를 탈 때 여호와의 손이 엘리사 위에 있었다"고 기록했다.

따라서 탈무드에 따르면, '거룩한 영(רוּחַ הַקֹּדֶשׁ, 루아흐 하코데쉬)'은 계명의 즐거움에 참여하는 자에게 임한다고 하며

(샤바트 3a), 예루살렘 탈무드는(수카 5:1) 초막절에 거행하는 헌수(Water Libation) 예식 때 하나님의 영이 임재 한다고 기록했다.

따라서 음악에는 비범한 능력이 있다는 것이 분명해졌다. 『욥기』에 기록된 바와 같이, 자연도 음악으로 창조주 하나님을 찬양한다. 탈무드도 "새벽 별들이 기뻐 노래하며……(욥 38:7)"와 같이 『로쉬 하샤나(8a)』에서 "이삭의 노래"를 언급했고 예루살렘 탈무드 『하기가(2:1)』은 "문득 나무가 노래를 시작했다"고 기록했다.

바벨론은 저를 위해 노래를 하라고 주문한다. 그러나 그들에게 음악과 노래는 타락한 주연의 수단이며, 탈무드에서 혐오스럽다고 규정한 '취중 고성방가'에 지나지 않는다(소타 48b, 이사야 5장).

한편 유대인에게 노래는 우주의 두 가지 대립된 세력(하늘과 땅, 영과 육)의 조화를 반영한다. 진정한 노래는 둘이 하나가 될 때 들린다는 것이다.

예컨대, '쇼파르(שֹׁפָר, 나팔)' 소리에는 유대인과 하나님을 잇는 숭고한 의미가 담겨있다. 그러나 바벨론 사람에게는 그 역시 동물의 뿔에 숨을 불어넣어 내는 소리에 불과하다고 여길 것이다. 유대인이 쇼파르 소리를 들으면 영혼은 시내산의 음성을 듣는다(출 19:16). 이는 우주의 조화를 상징하는 것으로, 통일된 세상의 소리며, 모리아 산에서 하나님께 나아가는 아브라함과 이삭의 음성이자, 통일과 평화의 신세계를 예고하는 메시야의 음성이기도 하다.

때문에 바벨론이 유대인에게 노래를 부르라고 할 때 그들은 "어찌 부를 수 있겠는가?"라고 대꾸할 수밖에 없는 것이다. '에이흐(אֵיךְ, 어찌)' 란 고통과 갈망의 탄성이자 애도와 탄식인 '에이하, אֵיכָה' 의 일부이기도 하다. 애도할 때 노래를 한다는 건 어불성설이다. 그땐 애도만 있을 뿐이다. 바벨론은 노래를 부르라고 주문하는데 이는 크게 모순된 처사다. 포로라는 신분에 즐거이 노래를 부를 수는 없기 때문이다. 특정한 땅과 장소가 아니라면 영혼은 어디에서도 평안을 누리지 못하므로 우리는 노래를 부를 수가 없다. 성전의 영광을 몸소 체험하고, 제사의 장엄한 의식을 보고, 제사장과 레위인의 영광을 비롯하여, 며칠간 나타난, 예루살렘의 광채를 목격한 유대인이라면 다른 곳에서는 노래와 기쁨이 있을 리가 없다. 예루살렘은 예레미야의 말대로 "모든 세상 사람들의 기쁨이라 일컫던 성"이었다(애 2:15). 랍비들에 따르면(수카 51b), 성전을 본 적이 없는 사람은 인생의 구조도 그렇다는데, 하늘에서 내려온 10가지 분깃 가운데 9개는 예루살렘에 주어 도시가 그토록 아름다웠다고 한다(키두신 49b).

그러나 도시는 물리적인 아름다움도 파괴되었고 창조주와 연결된 생명선도 단절되고 말았다. 예루살렘은 하나님의 임재를 느낄 수 있는 출발점이며, 성전은 하나님을 만나고 그분과의 끈끈한 정을 느낄 수 있는 매체였다. 랍비들은 예루살렘을 가리켜 "하나님을 찾는 자들에게 항상 열려 있는 '하늘에 연결된 문(창 28:17)'"이라고 규정했다.

바벨론은 유대인의 영혼이 족장뿐 아니라, 가나안을 유산으로 주시겠다는 하나님의 약속에까지 확장된 '영적인 탯줄'로 이어졌다는 것을 결코 이해하지 못하리라. 가나안에서는 모래 한 알갱이에도 창조주의 흔적이 배어있다. "네 하나님 여호와께서 돌보아 주시는 땅이라. 연초부터 연말까지 네 하나님 여호와의 눈이 항상 그 위에 있느니라(신 11:12)." 유대인에게 그 땅은 다른 곳과는 다르다. 가나안은 유대인의 고향이기에 바벨론 유수가 더욱 뼈아픈 상처가 되었고, 하나님의 임재가 거하는 곳이므로 창조주의 고향이기도 하다. 때문에 유대인의 영혼이 평안히 안식할 수 있는 곳은 가나안뿐이다.

이젠 모두가 추억이 되고 말았다. 유대인은 거룩한 도성뿐 아니라 하나님과도 거리를 두고 있다. 지금 남은 것은 유대인이 소중히 여기는 성경과 계명 및 기도의 매개체가 전부다. 나머지는 전부 바벨론이 빼앗았는데, 그러고도 우리더러 노래를 부르고 기뻐하라고 이야기한다. 이보다 더 잔인한 굴욕은 없다.

평안을 누릴 때만이 노래가 나오는 법이다. 신변의 위협을 느끼고 숱한 위험에 노출된 자가 — '유수exile'을 일컫는 히브리어 '갈루트, גָּלוּת'는 '갈루이, גָּלוּי'에서 파생된 것으로 '노출되다exposed'라는 뜻도 있다 ? 노래를 부를 수는 없다. 이방 땅에서는 노래보다는 곡성이 더 어울린다. 바벨론 유수 당시 영혼의 이마에는 주름이 잡혔고 노래와 기쁨의 샘은 말라버렸다. 그래서 바벨론 강변 버드나무에 수금이 걸려있는 것이다. 더는 수금을 켤 일이 없기 때문이다. 음악을 연주할 의욕도, 그럴 힘도 없다.

유대인도 노래를 할 줄 알고 기쁨을 표현할 줄도 안다. 하나님의 손이 저들에게 보일 때마다 불렀던 승전가를 들어보라. 홍해가 갈라졌을 때 모세와 이스라엘 백성은 흥겨이 노래를 불러댔다. 『사사기(5장)』에서 강력한 시스라를 물리쳤을 때의 환호성과 『사무엘상(18:6~7)』에 기록된 바와 같이, 다윗과 사울이 복귀했을 때 "춤과 노래로 …… 소고와 경쇠를 가지고" 그들을 맞이하던 모습을 그려보라. 성경에는 피리와 수금, 북과 징, 비파, 뿔나팔 등, 다양한 악기가 등장한다. 미쉬나(비쿠림 2:4)는 예루살렘에 입성하는 초실절 행렬을 생생하게 기술했는데, 이는 즐거움과 노래의 역할이 매우 큰 의식이었다. 잔치나 경삿날에 기쁨이 충만해지는 것은 당연하다. 게다가 음악과 노래는 유대인의 삶에서 떼려야 뗄 수가 없기에 어느 탈무드 기자는 "가락을 살리지 않고 성경을 읽는다거나 노래를 부르지 않고 [미쉬나를] 연구하는" 사람을 비난하기도 했다(메길라 32a).

유대인은 노래를 부를 줄도 알고, 언제, 어디서, 무엇 때문에 그래야 하는지도 잘 안다. 히브리어 '쉬라(שִׁירָה, 노래)'는 기쁨과 승리와, 창조주께 드리는 감사가 밴 노래를 일컫는다. 평범한 말로는 표현하기가 애매한 것이 음악이나 노래로는(악기든 가사든) 곧잘 표현되는 경우가 종종 있다. 음악은 영혼을 반영하며 내면의 소원과 기쁨 및 비애를 표출하는 수단이다.

우리도 노래를 부를 수 있다. 성전에서 제사가 드려질 때도 즐거운 노래가 동반되었다. 레위인들은 유대인의 일일

기도에 담긴 노래를 매일 불렀다.

기쁨(שִׂמְחָה, 심하)과 노래는 성경에 깊이 배어들었다. 노래를 일컫는 어근 '쉬르shir'는 구약성경에서 약 150번, '기쁨(שִׂמְחָה, 심하)'은 약 250번 정도 나온다. 유대인은 즐거움에 참여하는 법을 잘 안다. 성경은 "경삿날에 즐거워하며, 심히 즐거워하라" 명령했고, 『시편(100:2)』는 "기쁨으로 여호와를 섬기며 즐거이 노래하면서 그의 앞에 나아갈지어다"라고 선포했으며, 『신명기(28:47)』은 "기쁨과 즐거운 마음으로 네 하나님 여호와를 섬기지 아니한 것"도 죄악이라고 지적했다.

심오한 가르침 중 일부가 노랫말로 기록된 경우도 있는데 이를테면, 성경은 모세의 고별사(과거를 치하하고 미래를 그리며 이스라엘의 하나님께 영원히 충성을 다하라는 격려의 메시지)를 시의 형식으로 썼다. 구약성경은 이 장을 '쉬라, שִׁירָה(신 31:30)'라고 부른다. 따지고 보면, 성경은 하나님을 찬송하는 노래라는 의미(산헤드린 21a)에서 어떤 전승 기록은 구약 전체를

'쉬라, שִׁירָה' 라고 규정하기도 했다. 또한 다윗은 "내가 나그네 된 집에서 주의 율례들이 나의 노래가 되었나이다(시 119:54)" 라고 고백했다.

성경에서 '쉬라, שִׁירָה' 는 서로 다른 음색이 하나의 선율을 이룬다는 의미에서 '조화harmony' 를 상징한다. 유대교 신비주의자들은 우주의 각 구성인자는 노래의 화음을 내는 구성원과 결합하여 보이지 않는 세계의 메아리를 조성한다고 주장했다. 즉, 피조물의 구성인자는(작디작은 잔디 잎사귀도) 노래를 부르고 있으며 지리상의 각 지역도 각각 거룩한 멜로디를 연주하고 있다는 이야기다. 따라서 『창세기(43:11)』에서 야곱이 이집트 총독에게 주라고 지시할 때 가져온 예물에는 노래도 들어있었다고 한다. 물론 '크후 미짐라트 하아레쯔 비클레이헴, קְחוּ מִזִּמְרַת הָאָרֶץ בִּכְלֵיכֶם' 은 대개 '이 땅의 아름다운 소산을 그릇에 담는다' 로 번역하나 신비주의자들은 '미짐라트, מִזִּמְרַת' 에서 노래의 어근인 '제메르, זֶמֶר' 를 의식, '이 땅의 선율에서 취하라' 로 옮겼다. (라쉬는, '쉬라, שִׁירָה' 를 '찬양tushbechaya' 으로 일괄 번역한 온켈로스에 근거하

여 야곱의 말을 '모두가 찬양하는 것 중에서 취하라' 고 풀이했다)

피조물의 각 구성인자가 제 나름대로 노래를 부르고 있지만 실은 창조주 하나님을 찬양하고 있다고 봐야 한다. 따라서 대자연은 모두 천상의 멜로디를 구현하고 있으며, 그 안을 들여다보면 각 요소는 서로 다르지만 우주만물은 매우 정밀하게 협력과 조화를 이루고 있다. 하나님의 세상에서 흘러나오는 음악은 불화와 불협화음이 일절 나올 수 없도록 설계되어있다(노래와 우주의 궁극적인 조화의 관계를 규명한 베이트 할레비Beit HaLevi의 『출애굽기(15:1)』 주석을 참고할 것).

그러나 자연 상태의 우주는 완전하고 조화로운 반면 인간의 세상에는 불화도 있고, 하나님과의 관계가 틀어지는 경우도 비일비재하다. 증오와 전쟁, 고난 및 추방을 가장 심각한 불화로 꼽는데, 이때 조화의 선율은 곡성으로 돌변하고 만다.

유대인에게는 애가나 애도가 낯설지 않다. 그러나 이를

'쉬라' 라 하지 않고 '네히' 와 '키나' 라고 부른다. 기쁨의 쉬라는 역동적인 리듬과 생명의 선율을 반영하나 애도의 네히와 키나는 비극의 불협화음과 거친 모서리를 담고 있다. 구약성경 가운데 『예레미야 애가』는 성지를 잃은 데 대한 통곡이 서려있으며 이를 쓴 예레미야는 애가를 읊고 있다. 그는 청중의 심금을 더욱 울리게 한다는, 곡하는 부녀(메코네노트)를 언급했다. 유대인들은 시온의 애가는 부를지언정 시온의 노래는 부를 수가 없었다.

"다른 민족은 고국에서 추방되면 운명이다 생각하고 고향의 기억을 말끔히 씻어낸 뒤 새 땅에서 새로운 삶을 시작하는데 당신은 어찌 그리 완고하오?" 라고 반문할지도 모르겠다.

그래서 유대인이 다르다는 것이다. 완고하고 목이 곧은 근성이 긍정적인 자질이 될 수도 있다. 유대인은 완고하다. 그래서 전 세계 어디에 흩어져도 기도는 항상 예루살렘을 향하고, 목이 곧은 백성이라 기도문에는 예루살렘을 꼭 넣으며, 항상 그쪽으로 얼굴을 돌려 기도해왔다. 예루살렘을 위한 애도는 이방 땅에서도 여전히 계속되고 있다. 현 거주지에는 입구를 마주보는 벽 안쪽에는 벽지를 붙이지 않은 공간을 두기도 했다. 운 좋게도 (아직 회복되지 않은) 예루살렘에서는 살지만 혼인식 때 악기를 연주하지 않는 사람들이 많다. 노래꾼을 동반한 북소리만 들리는 것은 기쁨 중에도 예루살렘의 몰락이 사상의 정점에 자리 잡았다는 방증이다. 마냥 기뻐해야 할 결혼식 때는 유리를 깨뜨림으로써 예루살렘과 성전이 재건되지 않으면 우리의 행복도 온전할 수 없음을 암시한다. 고대 성전의 마지막 자취(통곡의 벽)에 가면 애도하는 사람처럼 옷을 찢는다. 그러고는 특별 금식에 돌입하고 단계별로 — 클라이맥스가 되는 아브월Av(5월 : 종교력) 9일에는 예레미야 애가를 비롯하여 여러 키노트를 부른다. "내가 예루살렘을 기억하지 아니하거나 내가 가장 즐거워하는 것보다 더 즐거워하지 아니할진대, 내 혀가 내 입천장에 붙을지로다(시 137:6)." — 파괴 당시의 기억을 되새긴다. 이는 단순한 글귀가 아니라 현실을 말해주는 것이다. 여러분이 생각한 대로 유대인은 완고하고 목이 뻣뻣한 백성이다.

언젠가 진정한 쉬라에 동참하게 된다면 참된 심하도 되찾을 수 있을 것이다. 유대인들은 회복되는 그 날을 학수고대하고 있다. 그 날이 오면 홍해에서 부른 모세의 노래가 미완료 시제로 기록된 까닭을 세상도 알게 될 것이다. "모세와 이스라엘 자손이 이 노래로 여호와께 노래할 것이다 ……(출 15:1)." 이미 벌어진 사건인데도 미완료를 쓰는 경우는 그리 흔치가 않다. 예상대로 완료 시제(노래를 불렀다)를 쓰지 않은 까닭은 유대인이 시온의 노래를 부를 수 없었던 이유를 원수도 깨닫게 될 것이기 때문이다.

그날에는 버드나무에 걸어둔 수금을 되찾을 것이며, 가슴에는 회복의 기쁨이 충만하여 노래가 끊이지 않을 것이다. 하지만 그 전에 어찌 노래를 부를 수 있으리요?

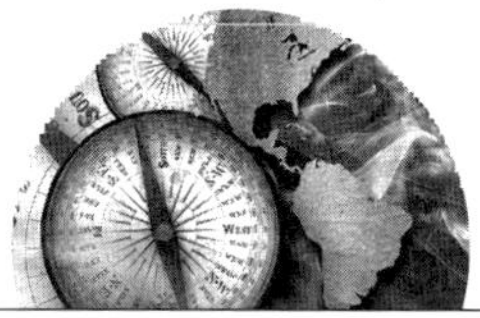

20

왜 악인이 복을 누립니까?

20 왜 악인이 복을 누립니까?

"악한 자의 길이 형통하며 반역한 자가 다 평안함은 무슨 까닭이니이까?"

— 『예레미야(12:1)』

"정의가 전혀 시행되지 못하오니 ……"

— 『하박국(1:4)』

하나님께 드리는 궁극적인 질문:
왜 악인이 복을 누립니까?

인류 역사에 버금갈 만큼 오래된 질문이다. 하나님은 공의의 주님이신데다, 당신의 세계에는 '상벌'이라는 제도system가 있다. 그럼에도 악인은 '잘 나가고' 의인은 고난을 받아야 하는 까닭은 무엇일까? 예레미야 선지자는 이를 단도직입적으로 하소연한다.

"여호와이여, 내가 주와 변론할 때에는 주께서 의로우시니이다. 그러나 내가 주께 질문하옵나니, 악한 자의 길이 형통하며 반역한 자가 다 평안함은 무슨 까닭이니이까? 주께서 그들을 심으시므로 그들이 뿌리가 박히고 장성하여 열매를 맺었거늘 ……(렘 12:1~2)."

하박국 선지자도 구슬픈 노래로 예언했다.

"율법이 해이하고 정의가 전혀 시행되지 못하오니 이는 악인이 의인을 에워쌌으므로 정의(미슈파트)가 굽게 행하여짐이니이다(합 1:4)"

그러고는 13절에서 이렇게 묻는다.

"어찌하여 거짓된 자들을 방관하시며 악인이 자기보다 의로운 사람을 삼키는데도 잠잠하시나이까?"

인류는 '공의의 하나님이 그렇지 못한 세상과 양립하고, 상벌제도와, 이를 비아냥대는 듯한 현실이 공존한다'는 명제를 늘 고민해왔다. 알다시피, 아브라함도 하나님의 공의를 두고 그와 비슷한 질문을 했다. "소돔성에 의인이 몇 명 있다면 정의의 근원이신 하나님께서 악인과 함께 의인도 멸하시리이까?(창 18:25)" 그리고 모세는 한 사람이 죄를 저질렀다는 이유로 하나님께서 백성을 전부 죽이실지 물었다(민 16:22). 또한 『출애굽기(33:13)』에서는 주의 길을 보여주십사고 간청했는데, 탈무드는 이를 다음과 같이 풀이했다.

> "우주의 주인이시여, 행복을 누리는 의인이 있는가 하면, 불행한 삶을 사는 의인도 있고, 행복한 악인과 함께 불행한 악인도 공존하는 까닭은 무엇입니까?" 라고 모세가 묻자 하나님께서는 "행복한 의인은 의인의 자손이고, 삶이 고달픈 의인은 의인이지만 악인의 자손이며, 행복한 악인은 악인이긴 하나 의인의 자손이며, 불행한 악인은 역시 악인이

> 자 악인의 자손이다"라고 답변하셨다. 그런데 혹자는 "삶이 행복한 의인은 참된 의인이고, 불행한 의인은 뭔가 부족한 의인이며, 행복한 악인은 완전히 악한 사람은 아니며, 불행한 악인은 명실 공히 악한 사람"이라고 해명했다(버라호트 7a).

한편, 랍비 얀나이Jannai는 이를 두고 탈무드 『피르케이 아보트(4:14)』에서 짤막하게 이야기했다.

> "악인이 평안하고 의인이 고통 받는다는 사실을 이해할 능력은 우리에게 없다(문자를 그대로 옮기면 '우리 손에는 없다')."

라쉬는 위의 『예레미야』를 인용하면서 "악인이 형통한 까닭은 알려지지 않았다"고 밝혔다. 그의 답변을 좀더 살펴보자.

"인간의 이해력으로는 해명할 수가 없다. …… 공의를 따지자면 악인은 현세에 평안을 얻지 못하고 의인은 늘 형

통해야 할 것이나, 그런 문제는 우리가 아니라 거룩하신 하나님의 소관이다. ……"

라쉬는 완전한 정의는 악인과 의인의 심판이 균형을 이룰 내세(World-to-Come)에 성취될 거라며 『피르게이 아보드(2:16)』에서 "의인의 상급은 내세에 있다"고 역설했다.

다른 문헌을 보더라도 고대 랍비들은 이와 비슷한 결론을 내놓았다. 이를테면, 의인은 가장 소소한 잘못으로 현세에서 벌을 받는 반면, 악인은 가장 작은 계명을 지켜 복을 누리는데, 내세에는 그 둘이 각각 궁극적인 심판과 상급을 받을 거라는 얘기다(타니트 11a). 내세에서 받을 상과 벌은 현생의 그것과는 족히 비교할 수 없는 탓에, 의인의 상급과 악인의 심판은 기한이 차기까지 보류될 것이다.

그런 탓에 탈무드(키두신 39b)는 "이 세상에서는 계명을 지켰다는 이유로 받는 상급이 없다"고 단언한다. 바꾸어 말하면, 세상은 너무 좁아서 거룩한 삶을 영위하고 계명을 준행함으로써 받는, 무한하고도 광대한 상급을 담을 수가 없다는 얘기다.

그뿐 아니라, 악인이 모조리 심판을 받고 의인이 번영한다는 것이 뻔한 사실이라면 자유선택을 둘러싼 인간의 의지는 아무런 도전도 받지 않을 것이다. 그렇다면 하나님의 의를 행하는 자는 상을 받을 줄 이미 알고 있을 테니 되레 욕망에 사로잡힌 자가 되고 말 것이다. 반면, 하나님의 관점에서 볼 때 상급에 연연하지 않고 고난을 감내하면서도 선행에 힘쓰는 자는, 심판이 무서워 악을 피하거나 풍족한 상급을 바라고 선을 행하는 자보다 훨씬 소중한 보배가 될 것이다.

요컨대, 정의는 하나님의 세상에는 있으나 내세처럼 감추어져있다는 것이다. 물론 감춰진 것 중 가장 중요한 것은 하나님이다. 주님은 속성상 육안이나 손으로 감지할 수가 없기 때문이다. 예를 들어, 『시편(91:1)』— "지존자의 은밀한 곳에 거주하며 전능자의 그늘 아래에 사는 자여" —

는 "지존자이신 그[하나님]는 전능자가 머무는 그림자 안에서 비밀리에 거하시며"로 옮길 수도 있다. 모습을 숨기는 것은 하나님의 본질 가운데 핵심이며 『신명기(29:28)』— "감추어진 일은 우리 하나님 여호와께 속하였거니와……" — 를 이해하는 실마리를 제공하기도 한다. 『잠언(25:2)』 — "일을 숨기는 것은 하나님의 영화요" — 도 이 개념을 강조한다.

그러나 하나님의 본질이 보이지 않는 속성만 있는 것은 아니다. 성경은 하나님이 "언젠가는 그들에게서 내 얼굴을 감출 것(הַסְתֵּר פָּנִים, 헤스테르 파님)(신 31:17, 32:20, 에스겔 39:23)"이라고 기록했다. 하나님의 얼굴(임재)를 감춘다는 개념은 하나님의 임재를 감춘다는 뜻이다. 하나님은 세상에 당신이 없는 것처럼 보일 거라는 뜻에서 "마치 내가 없는 존재인 양 세상을 다스리지 않는 것 같이, 우주가 광기와 암흑과 부조리에 휘둘릴 것"이라고 말씀하셨다.

라쉬는 『이사야(8:17)』을 설명하면서 이 구절이 "성경에 기록된 가장 두려운 경고"일 거라고 주장했다. "내가 네게서 등을 돌릴 것이며, 선장이 없는, 세상의 방주로 바다를 누비게 할 것이며, 내가 좌지우지하던 악을 자유롭게 놓아줄 것이다. 그러면 네가 아무리 찾아도 나를 발견하지 못하리라. 내 모습은 이미 감추어져있을 테니 말이다"라는 말씀과 다르지 않기 때문이다.

이는 두려워 삼가는 시편기자의 마음으로 이어진다. "여호와여 언제까지니이까, 스스로 영원히 숨기시리이까(시 89:46)?" 『시편(30:5)』에서도 기자는 "주의 얼굴을 가리시매 내가 근심하였나이다"라고 호소했다. 그의 심정은 십분 이해할 수 있을 것 같다! (시 13:2, 27:9, 44:25, 69:18, 88:15, 102:3, 104:29, 119:10, 143:7도 참고할 것)

그러나 본문은 '하나님이 숨기신 얼굴'에는 위안이 감춰져있으며, 실은 부재중이 아니라 단지 숨어계실 뿐이라는 사실을 일컫기도 한다. 숨는다는 것은 일시적인 현상이라는 얘기다. 또한 성경이 '감추어지다'라는 동사를 반복해서(הַסְתִּיר אַסְתִּיר, 하스테르 아스티르, 신 31:18) 기록했다는 점도 눈여겨봐야 한다. 즉, "나는 진실로 숨을 것이다"로 옮겨야 하나 글자 그대로는 "숨고, 나는 숨을 것이다"로 번역할 수도 있다. 동사가 하나만 있어도 되는데 이를 반복해서 썼다는 점에서 랍비 자도크 하코헨Zadok HaKohen에 따르면, 하나님은 당신이 '숨어계신다는 사실을 숨기셔서' 마치 세상을 버렸다는 인상을 남겼다는 것이다. 그러나 하나님은 숨어계시며 지켜보시고, 숨어계시며 돌보시고, 숨어계시며 보호하신다는 것을 염두에 둔다면(아울러 잠시 숨으신 것처럼 보이지만 여전히 임재하신다!) 성도의 믿음은 회복될 것이다. 혹시 『이사야(54:8)』가 이를 암시하는 것은 아닐까?

"내가 넘치는 진노로 내 얼굴을 네게서 잠시 가렸으나 영원한 자비로 너를 긍휼히 여기리라. 네 구속자 여호와께서 말씀하셨느니라(사 54:8)."

하나님은 영원히 숨어계시지 않으며 영원한 것은 주님의 자비와 긍휼뿐이리라. 그러나 흐릿해진, 하나님의 임재가 아무리 잠시라지만 그것이 두렵지 않을 수는 없다. 하나님이 보시기에는 천년이 어제 하루와 같기 때문이다(시 90:4).

『욥기』에는 하나님의 공의를 둘러싼 이슈를 두고 각자 나름대로 해결책을 가지고 욥을 위로하려 했던 세 친구가 등장한다. 물론 어느 누구도 욥을 위로해주진 못했다. 욥이 이루 말할 수 없는, 비극적이고도 참담한 사건을 겪자, 아내는 "당신이 그래도 자기의 온전함을 굳게 지키는가? 하나님을 욕하고 죽으라" 며 그를 타박한다. 이에 욥은 "우리가 하나님께 복을 받았은즉, 화도 받지 아니하겠느냐(욥 2:9~10)?" 고 반문한다. 한편, 본서의 대단원에서 하나님은 회오리바람으로부터 '당신의 길은 너무 심오하여 유한하고 필멸하는 인간은 이해할 수가 없다' 고 역설하셨다. '촌철살인' 이란 이를 두고 하는 말일 것이다.

> 내가 땅의 기초를 놓을 때에 네가 어디 있었느냐 ……?
> 누가 그것의 도량법을 정하였느냐 ……?

그것의 기초는 무엇 위에 세웠느냐 ……?

아침에게 명령해본 적이 있느냐 ……, 바다 밑을 돌아다닌 일이 있느냐 ……?

네가 깨달아 알았거든 말할지니라(욥 38장) ……

막을 내릴 무렵의 정황을 토대로 창조주의 공의를 둘러싼 의문은 인간의 시야를 벗어났으므로, 『피르케이 아보드』에 등장하는 랍비 얀나이Jannai의 가르침을 인용하자면 우리 힘으로는 그것을 이해할 수 없다고 봐야 옳을 것이다. 예컨대, 모세가 "영광을 보여달라"고 간구했을 때 하나님께서 "네가 등을 볼 것이요, 얼굴은 보지 못하리라(출 33:23)"고 말씀하신 것처럼 말이다. 하나님이 숨으신 것은 악인을 심판하기 위한 방편이 아니라 창조주와 인간의 관계에서 성립된 사실에 불과하다. 사람은 창조주의 존재와 본질을 전부 이해할 수는 없다. 이를테면, 곁에 계시지만 볼 수도, 알 수도 없는 탓에 '하나님이 부재중'이라고 오해하기 십상이라는 얘기다.

『시편(77:20)』을 보라. “주의 길이 바다에 있었고 주의 곧은길이 큰물에 있었으나, 주의 발자취를 알 수 없었나이다.” 글자대로 읽으면 본문은, 홍해가 갈라져 이집트 군사가 수장된 후 물이 다시 합쳐졌다는 기적도 중요하지만, 하나님께서 물위에 현현하셨다는 사실은 아무도 몰랐을 거라는 점을 시사한다. 그러나 사고의 폭을 좀더 넓히면 본문은 우주에서 하나님의 사역을 일컫는 대목일 수도 있다. 주님은 조용히, 보이지 않게 역사하시며 당신의 발자취는 인간이 알 수가 없다는 것이다. 하나님은 조용하고도 알 수 없는 방법으로 움직이시므로 주님의 임재는 누구도 확신할 수가 없다. 예를 들어, “이는 대대로 기억할 나의 칭호(본질)니라(출 3:15)” 에서 ‘대대로(לְעֹלָם, 르올람, 영원히)’ 는 『레위기(4:13)』(그 일이 숨겨졌다)를 비롯하여, 성경에서 약 30번 가량 활용된 것처럼 어근 ‘알람(עָלַם, 숨은)’ 에서 파생된 것으로 본다면 “이는 내 이름 ‘숨기concealment’ 니라”라고 읽을 수도 있을 것이다. (라쉬 ad loc, 키두신 71a, 미드라쉬 트힐림 9:1, 전도서 3:11 주석, 하올람 참고) 그럼 ‘그분의 선하심이 영원하기 때문입니다(시 136)’ 는 “그분의 선하심이 숨겨졌기 때문입니다”로 옮길 수도 있다.

전체의 그림을 숨기는 것은 하페츠 하임Chafetz Chaim이 들려주었다는 유명한 일화의 주제이기도 하다.

> 한 남자가 성경 낭독 중 회당에 들어갔다. 회당은 독실하고 덕망 있는 노인들로 붐볐음에도 성경을 낭독할 기회는 어느 젊은이에게 돌아갔다. 이에 "말도 안 되는 처사"라며 그가 가바이(the Gabbai, 정통 유대교 회당의 회계책임자—옮긴이)에게 따지자 가바이는 "당신은 여기 들어오기 전에 무슨 일이 있었는지 모르잖소? 존경받는 사람을 추앙할 때 말이요. 상황의 일부만 보았을 뿐이니 가타부타 따지지 말고 잠자코 있으시오."

인간이 하나님의 신비를 이해하려고 안간힘을 쓸 때 뚫을 수 없는 장벽에 맞닥뜨렸다면 하나님의 섭리에 조금이나마 눈을 뜨기 시작할 것이다. 즉, 주님이 일부러 '지각'이라는 유한한 수단으로 인간을 창조하셔서 우리가 무지하고 이해력이 부족할 거라는 섭리를 알게 된다는 말이다. 하나님은 당신이 인간의 머리로 이해되기를 바라거나 기대하시진 않으셨으리라. 『잠언』에도 이를 읽을 수 있다.

> "어찌하여 주님은 인간의 고통을 물끄러미 보고만 계십니까(계시는 것 같습니까)?" 라는 궁극적인 물음을 갖는다면 "하나님은 피조물을 돌보시는 창조주시며 그들의 삶을 살피신다"는 주장이 석연치가 않을 것이다. "일을 숨기는 것은 하나님의 영화요 ……(잠 25:2)." 주님은 인간이 행여 장벽을 넘거나, 어두운 데다 초행길인 동굴에 들어가 내려가지도, 나가지도 못하는 꼴이 되기를 바라진 않을 것이다. 형언할 수 없는 하나님은 본연의 모습을 영원히 간직하시길 원하신다.

요컨대, 한계가 있고 필멸하는 이방신만이 한계가 있고 필멸하는 인간이 이해할 수 있으며, 무한하고 불멸하는 존재만이 무한하고 불멸하는 하나님의 섭리를 헤아릴 수 있을 거라는 얘기다. 인간은 언젠가는 세상을 떠나야 할 생명이나 하나님은 영원하시므로 주님과 당신의 계획은 우리가 이해할 수 없을 것이다. 그렇다면 유한한 에너지를 인간의 이성을 초월하는 신의 섭리에 낭비하지 말고 하나님이 개괄적으로나마 일러두신 것처럼 거룩한 삶을 영위하고 주님을 섬기며 사는 것이 바람직할 것이다. 온갖 철학적, 신학적 논쟁은 내버려두라. 하나님이 인간을 위해 친히 베일을 벗기시기 전에는 괜히 부스럼을 만들 필요는 없다. 혹시 탈무드(하기가 14b)가 이를 강조할 요량으로 네 현자, 벤 아자이와 벤 조마, 아헤르(엘리샤 b. 아부야) 및 랍비 아키바, 의 사건을 들려준 것이 아닐까 하는 생각도 든다. 그들은 하나님의 신비한 속성과, 의인이 고난을 당하는 까닭을 배우려고 천상의 '과수원' 에 들어갔다고 한다. 그런데 랍비 아키바는 아무런 상처가 없어 육신이 성했으나, 나머지 셋은 '하나님의 얼굴을 본' 까닭에 영원한 상해를 입었다는 것이다(12장 참고).

어떤 이는 다윗 왕이 『시편(131:1~2)』을 노래할 때 이를 염두에 둔 것은 아니었을까 추측하기도 했다.

"내가 큰 일과 감당하지 못할 놀라운 일을 하려고 힘쓰지 아니하나이다. 실로 내가 내 영혼으로 고요하고 평온하게 하기를 젖 뗀 아이가 그의 어머니 품에 있음 같게 하였나니 ……"

그렇다면 다윗은 창조주와 인간의 관계가 끊임없이 스승에게 질문을 던지는 학생보다는 젖을 뗀 아이와 모친의 관계와 같아야 한다고 주장하는 것일까? (공교롭게도 다윗과 욥의 고백이, "내가 헤아리기도 어려운 말을 하였나이다(욥기 42:2).", 정확히 일치한다는 점도 눈여겨봐야 한다.) 『하박국(2:20)』도 "오직 여호와는 성전에 계시니 온 땅은 그 앞에서 잠잠할지니라"라며 이를 암시했다. 따라서 궁극적인 종교적 태도는 창조주께 비굴할 정도로 굴복해야 마땅하다. 당신의 섭리는 성취될 것이니 아무것도 묻거나 따질 필요가 없으며 그 앞에서 잠잠하라. 욥이 "그가 나를 죽이실지라도 그를 의뢰하리니 ……(욥 13:15)"라며 순수한 믿음을 고백했던 것처럼 말이다.

그러나 삶의 또 다른 이면도 우리를 마주보고 있다. 즉, 인간은 한계가 있고 언젠가는 사멸하고 말지만, 분명 하나님께서는 저 나름의 견해를 주장하며 잠잠할 수 없도록 '호기심inquiring minds'을 허락하셨다는 점도 사실이다. 하나님의 공의와 정의의 본질에 의문이 생길 때 인간은 '어차피 이해할 수 없으니 복종하면 그만'이라는 답변에 만족할 리가 없다. 그 같은 태도나 답변은 영혼에 유익하지도 않다. 인간은 헤아릴 수 없는 것을 헤아리고 이해할 수 없는 것을 이해하기 위해 끊임없이 묻고, 연구하고, 찾을 것이다.

극심한 고난을 당하고 있는 남녀가 그 까닭why을 묻는 질문이야말로 가슴을 아리게 하는데, 그와 함께 나락의 끝자락에 서서 그의 절규를 듣고도 과연 "이해의 영역을 초월한 것"이라며 "잠잠하라"고 이야기할 수 있을까? 물론 엄청난 통증이 철학적인 만담으로 달래지지는 않지만 말이다.

탈무드(버라호트 5a)에 따르면, 하나님은 유대 민족에 세 가지 선물(토라와 가나안 및 내세)을 베푸셨다는데, 이는 고난과 고통을 감내해야만 얻을 수 있는 것이라고 한다. "하나님은 사랑하시는 자를 징계하신다(사랑의 고통affliction of love)"는 『잠언(3:12)』에 근거하여, 하나님이 우리를 정말 버리셨다면 수고롭게 책망하진 않으실 것이다. 또한 번민과 고난이 유대인의 필수요건이자 궁극적인 선을 성취하기 위한 필연적인 요소라고는 하나 오열하는 엄마에게 이를 귀띔해줄 만큼 잔인한 사람이 얼마나 있겠는가?

인간의 제한된 이해의 틀에 맞추기 위해 하나님을 축소시키거나 지성으로 분석하기보다는 "아침에 주의 인자하심을, 밤에는 주의 성실하심을 알린다"는 『시편(92:3)』의 가르침을 마음에 새기는 편이 훨씬 위안과 도움이 될 것이다. 즉, 감춰져있고 형언할 수 없는 창조주를 신뢰하겠다는 믿음이 영혼 안의 공허감을 쪼개는 빛이 되면, 그는 고통에도 목적이 없지는 않으리라는 점을 깨닫게 된다는 이야기다.

물론 모든 상황에 적용되는 공식은 없다. 고난과 비극에는 공식이 없기 때문이다. 정황에 따라 대응하는 방법도 달라지게 마련이나, 이를 채우는 것은 분명 피조물에 둔, 하나님의 무한한 관심과 사랑이며 인생에 자리 잡은 주님의 현현일 것이다. 현인이 줄기차게 역설했듯이, 피조물이 고난을 당할 때마다 하나님도(인간은 이해할 수 없지만) 고통을 감수하신다.

그럼 처음에 제기했던 물음으로 글을 마쳐야겠다. 악인은 '잘 나가고' 의인은 고난을 받아야 하는 까닭은 무엇일까? 기한이 차면 사랑의 주님이 삶과 죽음, 선과 악, 절망과 구원의 베일을 벗겨주실 것이다. 하지만 지금 우리에게는 하나님의 비밀을 알 수 있는 힘이 없다.

"어머니 곁에서 젖을 뗀 아이처럼" 이라고 기록한 『잠언』과 같이, 삶은 이해할 수는 없지만 순수하게 시작하고 끝을 맺는다. 그러나 영광스런 날이 오면 '은신처hidden places' 에서 인간을 살피시던 주님은 놀라운 의문의 답을 이해할 수 있도록 능력을 베푸실 것이며, 우리가 하나님의 사랑을 받을 자격이 있다면 '의문은 의문이 아니다' 라는, 심오한 진리를 깨달을 수 있는 지혜도 허락하실 것이다.